教育部人文社会科学研究青年项目（项目编号：15YJCZH105）
重庆市社会科学规划青年项目（项目编号：2015QNGL41）
重庆市教委科学技术研究项目（项目编号：KJ1500513）

不确定收益下交通BOT
项目特许期决策模型

吕俊娜 / 著

**BUQUEDING SHOUYI XIA
JIAOTONG BOT**
XIANGMU TEXUQI JUECE MOXING

西南交通大学出版社
·成都·

图书在版编目（CIP）数据

不确定收益下交通 BOT 项目特许期决策模型 / 吕俊娜著. 一成都：西南交通大学出版社，2017.7
ISBN 978-7-5643-5623-1

Ⅰ.①不… Ⅱ.①吕… Ⅲ.①交通运输建设 – 基础设施建设 – 研究 – 中国 Ⅳ.①F512.3

中国版本图书馆 CIP 数据核字（2017）第 179985 号

不确定收益下交通 BOT 项目特许期决策模型
吕俊娜　著

责 任 编 辑	孟秀芝
封 面 设 计	墨创文化
出 版 发 行	西南交通大学出版社 （四川省成都市二环路北一段 111 号 西南交通大学创新大厦 21 楼）
发行部电话	028-87600564　028-87600533
邮 政 编 码	610031
网　　　址	http://www.xnjdcbs.com
印　　　刷	四川煤田地质制图印刷厂
成 品 尺 寸	170mm × 230 mm
印　　　张	7.25
字　　　数	129 千
版　　　次	2017 年 7 月第 1 版
印　　　次	2017 年 7 月第 1 次
书　　　号	ISBN 978-7-5643-5623-1
定　　　价	38.00 元

图书如有印装质量问题　本社负责退换
版权所有　盗版必究　举报电话：028-87600562

前 言

　　交通基础设施作为经济社会发展的重要基础和前提条件,是我国现阶段基础设施投资的重点领域。由于交通基础设施项目具有投资规模大、投资回收期长等特征,传统的以政府公共资金为主导的投融资模式已不能完全满足我国交通基础设施建设发展的需要,社会资本逐步被引入。近年来,利用社会资本进入交通基础设施领域最常用的方式是 BOT(Build - Operate - Transfer) 模式。BOT 模式不仅可以减轻政府投资的资金压力,还可以提高项目运营效率,因此,该模式在交通基础设施项目上得到越来越广泛的运用,但是不能直接应用于经济效益不佳的交通基础设施,如城市轨道交通项目,此时政府需要对其进行补偿,才能保障项目的有效实施。目前,在项目实践中,政府通常采用资本补偿 SBOT(Subsidize in Building, Operate and Transfer) 模式来运作城市轨道交通项目,如北京地铁 4 号线等。

　　BOT/SBOT 项目的核心是特许权协议,特许期是特许权协议的一个关键决策变量。特许期的长短直接关系到公共部门和私营部门的利益,特许期过短,私营部门则会制定较高的收费机制从而把部分风险转移给项目使用者,进而损害公众利益;特许期过长,在项目经济寿命一定的情况下,则会减少特许期期满后公共部门的项目运营期,进而损害公共部门利益。因此,合理的特许期对 BOT/SBOT 项目的成功运作至关重要。

　　交通基础设施项目一般具有投资不可逆、预期收益不确定、投资时机有一定回旋余地等不确定性特征,因此在 BOT 项目价值评估与投资决策过程中应该考虑项目延迟期权的价值。而现有的 BOT 项目特许期决策模型主要是以 DCF(Discounted Cash Flow) 方法为基础的,由于 DCF 方法没有考虑到项目预期现金流量的不确定性和项目执行过程中的灵活性,应用传统的 DCF 方法进行 BOT 项目价值评估和投资决策,会忽视项目延迟期权的价值,造成项目价值被低估,进而导致特许期决策失误。现有文献对 BOT 项目特许期的决策模型研究主要集中在财务评价可行的 BOT 项目上，缺乏对政府资本补偿下 SBOT 项目的研究，而政府资本补偿数量和特许期是 SBOT 项目特许权协议的两个关键决策变量，政府资本补偿数量的大小直接关系到 SBOT 项目特许期的长短。鉴于此，本书针对不确定收益下特许期的决策问题，分别以交通 BOT/SBOT 项目为对象，利用实物期权和博弈论相结合的方法，研究了如何决策合理的特许期和政府资本补偿数量以协调 BOT/SBOT 项目中公共部门与私营部门之间的利益冲突。具体来说，本书主要进行了以下几方面的研究工作：

首先，针对不确定收益下财务评价可行交通 BOT 项目特许期的决策问题，以高速公路 BOT 项目为研究对象，利用实物期权和博弈论相结合的方法，构建了交通 BOT 项目特许期的决策模型，其决策程序分为两步：第一，依据项目预期现金流量，根据不确定条件下不可逆的投资理论，构建了公共部门/私营部门投资交通 BOT 项目的最优投资时机决策模型，得到特许期的可行域；第二，根据双方不同的策略行为，利用博弈论相关理论，分别构建了特许期的 Stackelberg 博弈模型和特许期的 Nash 协商模型，并分别求解出特许期的 Stackelberg 均衡解和 Nash 协商均衡解，最后通过实例对不确定收益下交通 BOT 项目特许期的决策模型进行了验证和分析。该研究不仅拓宽了实物期权不确定条件下不可逆的投资理论在 BOT 项目中的应用范围，而且丰富了 BOT 项目特许期的决策方法，同时为公共部门和私营部门决策 BOT 项目特许期提供了一种新思路。

其次，针对财务评价不可行 BOT 项目的政府资本补偿数量决策模型，以城市轨道交通 SBOT 项目为研究对象，在综合考虑轨道交通项目财务经济效益和社会效益的基础上，提出公共部门/私营部门投资轨道交通 SBOT 项目的基准条件，采用加权平均资金成本作为私营部门的贴现率，构建了轨道交通 SBOT 项目资本补偿数量决策模型，并求解出政府资本补偿数量的可行域。该研究为政府确定和决策城市轨道交通 SBOT 项目资本补偿数量提供了系统的理论方法。

最后，在前面研究的基础上，借鉴不确定收益下财务可行交通 BOT 项目特许期决策模型的分析框架，根据城市轨道交通 SBOT 项目的特点，在综合考虑轨道交通项目财务经济效益和社会效益的基础上，研究了政府资本补偿一定条件下的 SBOT 项目特许期的决策问题。其决策程序分为两步：第一，根据不确定条件下不可逆的投资理论，构建了公共部门/私营部门投资交通 SBOT 项目的最优投资时机决策模型,得到特许期的可行域;第二,根据双方不同的策略行为,利用博弈论相关理论,分别构建了特许期的合作博弈模型和特许期的 Nash 协商模型,并对特许期均衡解的性质进行了讨论,最后通过算例对不确定收益下交通 SBOT 项目特许期的决策模型及其性质进行了验证。该研究探索性地对政府资本补偿下 SBOT 项目特许期的决策模型进行了研究,力图为公共部门和私营部门决策 SBOT 项目特许期提供理论依据。

目 录

1 绪 论 ·· 1
　1.1 研究背景及问题提出 ·· 1
　1.2 研究目的及意义 ··· 4
　1.3 研究范畴、研究内容、研究方法与技术路线 ····················· 5
　1.4 创新点 ·· 11
2 研究综述 ·· 14
　2.1 投资决策理论综述 ·· 14
　2.2 特许期研究综述 ··· 24
　2.3 本章小结 ··· 34
3 财务评价可行 BOT 项目特许期决策模型研究 ························· 36
　3.1 问题描述及假设 ··· 36
　3.2 BOT 项目特许期可行域研究 ·· 37
　3.3 特许期的 Stackelberg 博弈均衡解研究 ·························· 41
　3.4 特许期的 Nash 协商均衡解 ··· 49
　3.5 本章小结 ··· 54
4 财务评价不可行 BOT 项目政府资本补偿数量决策研究 ············ 56
　4.1 引言 ··· 56
　4.2 财务评价不可行 BOT 项目政府资本补偿决策机制 ·········· 58
　4.3 财务评价不可行 BOT 项目资本补偿数量研究 ················ 59
　4.4 算例分析 ··· 63
　4.5 本章小结 ··· 67

5 政府资本补偿下 SBOT 项目特许期决策模型研究 … 69
5.1 SBOT 模式描述及假设 … 69
5.2 SBOT 项目特许期可行域分析 … 71
5.3 SBOT 项目特许期的合作博弈模型 … 76
5.4 SBOT 项目特许期的 Nash 协商模型 … 82
5.5 本章小结 … 90

6 结论与展望 … 92
6.1 研究结论 … 92
6.2 研究局限与展望 … 93

参考文献 … 95

1 绪 论

1.1 研究背景及问题提出

改革开放以来，持续快速的经济增长和人们生活水平的提高加大了我国对交通基础设施项目建设的需求（蔡蔚，2007）。然而，由于交通基础项目投资规模大，传统的以政府公共资金为主导的投融资模式已不能完全满足我国交通基础设施建设发展的需要（Lin，2000；Zhang 等，2002；Mu 等，2011）。资金短缺将成为制约我国交通基础设施项目发展的最大障碍，实行交通基础设施项目投资渠道和投资主体多元化，鼓励社会资本参与交通投资、建设和经营将成为我国交通基础设施投融资体制改革的必然趋势。利用社会资本进入交通基础设施领域最常用的方式是 BOT（Build-Operate-Transfer）模式。BOT 模式是 20 世纪 80 年代发展起来的一种政府利用社会资本（包括国外资本、民营资本和其他各类非政府资金）参与国家基础设施建设的一种项目融资和管理模式（张水波等，2000），是指作为项目发起人的社会投资者从政府获得建造某个基础设施项目的特许权，由其独立或联合其他投资方组建项目公司，然后由项目公司负责融资、设计、建造和运营特许权项目，特许期内通过向项目使用者收取费用以便回收投资成本并获得合理利润；在特许期期满之时，项目公司将整个项目无偿/有条件移交给相应的政府机构（刘尔烈，2000）。采用 BOT 模式运作交通基础设施项目对公共部门来说不仅可以减轻其财政负担，还可以提高项目运营效率（王东波，2011），因此，BOT 模式被大量应用于财务评价可行的交通基础设施投融资项目，但是 BOT 模式不能直接应用于经济效益不佳的交通基础设施项目（叶苏东，2008）。城市轨道交通作为解决交通拥挤和排放问题的有效途径，是典型的经济效益不佳而社会效益显著的交通基础设施项目。当公共部门拟采用 BOT 模式运作城市轨道交通项目时，考虑到城市轨道交通在噪音污染、交通事故和空气污染等方面与非轨道交通相比具有显著的社会效益，政府需要对其进行补偿（叶苏东，2012；Liou 等，2012；Chen 等，2012）。目前，在我国城市轨道交通项目实践中，公共部门通常采用资本补偿即 SBOT

(Subsidize in Building, Operate and Transfer) 模式运作城市轨道交通项目，如北京地铁 4 号线项目、杭州地铁 1 号线、北京地铁 14 号线等均采用 SBOT 模式建设。

我国交通基础设施 BOT 项目实践起步较晚，第一个高速公路 BOT 项目——"襄荆高速公路"于 1999 年 12 月 30 日正式得到国家批复并立项，2001 年 1 月正式动工，2004 年 6 月 26 日正式建成通车，项目全长 185.415 千米，总投资 44.85 亿元，建设期 4 年，特许期 30 年。近年来，BOT 模式在我国交通基础设施领域得到广泛应用，其范围包括高速公路、桥梁、隧道、港口和城市轨道交通项目等。吸引社会资本参与交通 BOT 项目建设，不仅可以加快交通基础设施建设，推动综合交通运输体系的发展，也可以促进当地经济的发展，但在项目实践中也存在一些问题，由于交通 BOT 项目具有投资大、收益不确定等特征，不合理的特许期会导致社会投资者获得超额利润或者无法实现预期收益，进而导致项目失败（王东波等，2010）。据审计署 2008 年公布的《18 个省市收费公路建设运营管理情况审计调查报告》显示，在国内 12 个省市 35 条经营性公路中，由于交通量超过预期，政府批准的特许期过长，一些项目在特许期内的运营收入竟然达到投资成本的数倍甚至十倍以上。例如，济南到青岛的高速公路项目总投资为 33.8 亿元，经测算 13 年左右即可达到社会投资者的预期投资收益，而特许权协议中双方约定的特许期却长达 30 年，按 2005 年的收费水平测算，项目将增加社会负担 275 亿元。与之相反，西安至宝鸡高速公路项目由于忽视交通量低、运营成本高等因素，导致投资者在特许期内无法回收投资，面临更严峻的偿债危机（王东波，2010）。在 BOT 项目实践中，特许期过短，私营部门会制定较高的收费机制从而把部分风险转移给项目使用者，进而损害公众利益；而特许期过长，在项目经济寿命一定的情况下，会减少特许期期满后公共部门的项目运营期，进而损害公共部门利益（Khanzadi 等，2012；Yu 和 Lam，2013）。特许期是特许权协议的重要内容，是划分公共部门和私营部门各自权利、义务和职责的时间界限，是确立项目所有权与经营权归属的时间界限，是一个关于时间与经济的重要指标（秦旋，2005）。特许期的长短直接关系到公共部门和私营部门的利益，因此合理的特许期对 BOT 项目的成功运作至关重要。

目前，学者们针对交通 BOT 项目特许期的决策方法研究已经取得了一定的研究成果，关于特许期的决策主要采用 NPV（net present value）方法、Monte Carlo 模拟方法和博弈论方法，其中基于 NPV 方法所构建的特许期决策模型是基础，而基于博弈论和仿真技术所构建的特许期决策模型是对前述模型的有益补充。通过对典型的、有代表性的关于特许期的决策研究进行文献梳理、归纳，特许期的决策程序可归纳为两步：第一步，根据项目预期现金流量，利用 NPV 方法或者在项目预期现金流量分布已知的情况下，借助 Monte Carlo 技术，利用 NPV 方法从公共部门和私营部门双赢的角度构建 BOT 项目特许期的决策模型，得到特许期的可行域；如 Shen 等人根据项目预期现金流量，利用 NPV 方法，从公共部门和私营部门双赢的角度，构建了 BOT 项目特许期的 BOTCcM 决策模型，并求解出特许期的可行域（Shen 等，2002）。这一模型为 BOT 项目特许期的定量研究奠定了基础，但其在对经济变量进行估计时并未考虑到风险及不确定性因素对特许期的影响，Shen 和 Wu 在特许期 BOTCcM 决策模型的基础上，在项目现金流量分布可知的情况下，借助 Monte Carlo 方法，建立了风险考虑下的 BOT 项目特许期的决策模型（Shen 和 Wu，2005）。Wu 等人考虑到 BOT 项目移交时项目的净残值明显大于零，改进了特许期 BOTCcM 决策模型的第二个即政府投资决策条件（Wu 等，2012）。第二步，在特许期可行域已知的情况下，利用博弈论的方法，构建特许期的博弈模型，进一步缩小特许期的可行域。如 Shen 等人在特许期可行域已知的情况下，利用讨价还价理论对特许期 BOTCcM 决策模型进行了改进和完善，建立了特许期的讨价还价博弈模型，并求解出比容许偏差参数 δ 小的特许期可行域（Shen 等，2007）。但是在该模型构建中，假定私营部门的总投资（包括建设成本和运营成本）是不变的，而在项目实践中，私营部门的总投资可能会随特许期发生变化，鲍海君在总成本可变条件下，从私人投资者的角度，建立了特许期的讨价还价博弈模型，并求解出比容许偏差系数 δ 小的特许期可行域，进一步缩小了特许期的可行域（鲍海君，2009）。Hanaoka 和 Palapus 在上述文献的基础上，利用 NPV 和讨价还价理论相结合的方法，借助 Monte Carlo 技术，对菲律宾的交通 BOT 项目进行了实例研究（Hanaoka 和 Palapus，2012）。

交通基础设施 BOT 项目投资一般具有投资不可逆、收益不确定等特征（曾卫兵，2004；郭明靓，2008；高咏玲等，2008；廖博，2010；唐文彬等，2011），因此在项目价值评估过程中应该考虑项目延迟期权等管理柔性价值（Doan 和 Menyah，2013）。而传统的投资决策方法如 NPV 由于没有考虑到项目预期现金流量的不确定性和项目执行过程中的灵活性问题（Ho 和 Liu，2002；Zhao 和 Sundararajan，2004；Chiara 等，2007；Brandao 和 Saraira，2008），采用传统的 NPV 方法进行项目投资评估和决策，会忽视项目期权的价值，造成项目价值被低估（Garvin 和 Cheah，2004；Doan 和 Menyah，2013），进而导致特许期的决策失误。实物期权的发展为衡量投资项目的不确定性价值提供了理论工具，较好地解决了投资项目中的不确定性和管理灵活性问题（Dixit 和 Pinyck，1994）。近年来，学者们已经开展实物期权理论在基础设施 BOT 项目中的应用研究，主要集中于项目价值评估（Cui 等，2004；Cheah 和 Lin，2006；Chiara 等，2007；Ashuri 等，2012；Kim 等，2012；Kim 等，2013）和风险管理（Kokkaew 和 Chiara，2010；Iyer 和 Sagheer，2011；Park 等，2013）等方面；另外，现有文献有关特许期决策模型的研究主要以财务评价可行 BOT 项目为研究对象，缺乏对政府资本补偿下 SBOT 项目特许期决策模型的研究。而城市轨道交通 SBOT 模式作为一种新的 BOT 模式，吸引了国内外学者的广泛关注，但是目前对 SBOT 项目的研究尚处于探索阶段（Phang，2007；De Jong 等，2010；Chang，2013），至今尚未见到对 SBOT 项目特许期进行定量研究的报道。鉴于此，本书分别以交通 BOT/SBOT 项目为对象，利用实物期权和博弈论相结合的方法，研究了如何在不确定收益下决策合理的特许期以协调 BOT/SBOT 项目中公共部门与私营部门之间的利益冲突，实现公共部门和私营部门之间的利益均衡，进而达到双方共赢的目标，以保障 BOT/SBOT 项目的成功运作。

1.2 研究目的及意义

本研究的主要目的为：针对不确定收益下交通 BOT 项目特许期的决策问题，主要研究不确定收益下财务评价可行 BOT 项目特许期的决策模型，不确定收益下财务评价不可行 BOT 项目政府资本补偿数量决策模型，政府资本补偿下 SBOT 项目特许期的决策模型以及公共部门与私营部门不同策略行为下 BOT/SBOT 项目特许期的决策模型。合理的 BOT 项目特许期计算不仅可以促进项目的成功运作，又能激励和吸引社会资本参与交通基础设施项目建设，具有重要的意义。

本书的研究意义主要体现在以下三个方面：

（1）充实和完善了不确定收益下交通 BOT 项目特许期的决策理论和方法。

交通基础设施 BOT 项目投资一般具有投资不可逆、收益不确定和投资时机灵活等不确定性特征，因此在构建交通 BOT 项目特许期决策模型中应该考虑项目的不确定性价值。而现有的基于 NPV 的特许期决策模型并不能正确计算项目的管理柔性价值（value of management flexibility），往往会造成项目价值被低估，进而导致项目投资决策失误。本书利用实物期权不确定环境下不可逆的投资理论和博弈论相结合的方法构建了一种新的 BOT 项目特许期的决策方法，得到公共部门和私营部门不同策略下的特许期均衡解，而且利用此方法还研究了财务评价不可行但社会效益显著的政府资本补偿下城市轨道交通 SBOT 项目的特许期的决策问题。利用实物期权不确定环境下不可逆的投资理论和博弈论相结合的方法所构建的交通 BOT 项目特许期决策模型，进一步充实和完善了不确定收益下交通 BOT 项目的特许期的决策理论和方法。

（2）丰富了实物期权不确定条件下不可逆的投资理论的应用领域。

考虑到交通基础设施 BOT 项目的不确定性特征以及 NPV 方法的局限性，学者们开始探索实物期权理论在基础设施 BOT 项目研究中的应用。比如，Cheah 和 Liu 利用实物期权理论对基础设施 BOT 项目中的政府支持进行价值评估（Cheah 和 Liu，2006）；Iyer 和 Sagheer 利用实物期权理论，构建了 BOT 项目的交通风险缓释模型（Iyer 和 Sagheer，2011）；Ashuri 等人利用实物期权理论研究了最小收入保障下 BOT 项目的价值评估问题（Ashuri 等，2012）；Doan 和 Menyah 利用实物期权理论研究了基础设施 BOT 项目的最优投资时机问题（Doan 和 Menyah，2013）。综合以上分析，实物期权理论在 BOT 项目价值评估方面取得一定进展，但是基于实物期权的 BOT 项目投资决策的研究还甚少，本书正是基于此，利用实物期权不确定条件下不可逆的投资理论构建了交通基础设施 BOT 项目的特许期决策模型，丰富了实物期权不确定条件下不可逆的投资理论在基础设施 BOT 项目特许期的决策方法方面的研究。

（3）为公共部门和私营部门制定 BOT 项目特许期提供了一种新思路。

交通基础设施作为经济和社会发展的基础和前提条件，成为我国重点建设和投资的领域。资金短缺是我国交通基础设施建设发展的瓶颈。近年来，利用社会资本（包括国外资本、民营资本和其他各类非政府资金）进入交通基础设施领域最常用的方式是 BOT 模式。特许期是 BOT 项目特许权协议的关键决策变量，合理的特许期对 BOT 项目的成功运作至关重要。因此，本书研究了不确定收益下交通 BOT 项目特许期的决策问题，为项目实践中公共部门和私营部门制定 BOT 项目特许期提供了一种新思路。

1.3 研究范畴、研究内容、研究方法与技术路线

1.3.1 研究范畴

1. BOT 模式的基本概念

BOT（Build-Operate-Transfer），一般直译为"建造－运营－移交"，是社

会资本（包括国外资本、民营资本和其他各类非政府资金）参与国家基础设施建设的一种项目融资和管理模式（张水波等，2000），是指作为项目发起人的社会投资者从政府获得建造某个基础设施项目的特许权，由其独立或联合其他投资方组建项目公司，然后由项目公司负责融资、设计、建造和运营特许权项目，特许期内通过向项目使用者收取费用以便回收投资成本并取得合理报酬；特许期期满之时，整个项目将被无偿/有条件移交给相应的政府机构（刘尔烈，2000）。

根据世界银行（WBG）《1994年世界发展报告》的报道，通常所说的BOT至少包含BOT、BOOT（Build-Own-Operate-Transfer，建造－拥有－运营－移交）以及BOO（Build-Own-Operate，建造－拥有－运营）等三种基本形式（刘尔烈，2000）。

（1）标准BOT。

项目所在国政府或所属机构授予项目公司融资建造基础设施项目的特许权（concession），特许权协议（Concession Arrangement）规定：特许期内，项目公司负责特许经营项目的运营和维护，并通过向项目使用者收取费用来回收投资成本并获得合理利润，特许期期满之时，项目公司将该项目无偿/有条件移交给相应的政府机构。政府授予项目公司建造新项目的特许权协议通常采用此种方式，下文也是以这种方式为标准方式来进行论述的。

（2）BOOT。

由私营部门负责融资、建造基础设施项目，项目建成后在特许期内拥有项目的所有权并负责项目的运营，在特许期期满之时将项目无偿/有条件移交给公共部门。BOOT不同于BOT，主要体现为特许期内项目的所有权归属和特许期的长短。特许经营项目如果采用标准BOT模式运作，那么私营部门在特许期内项目的经营权而无所有权；而特许经营项目如果采用BOOT模式运作，那么私营部门在特许期内同时拥有项目的经营权和所有权。通常情况下，采用BOT模式运作的特许经营项目的特许期比采用BOOT模式运作的特许期短。

（3）BOO。

公共部门授予私营部门融资、建造、拥有并运营某项基础设施的特许权。私营部门并不需要在一定时期之后将基础设施BOO项目移交给公共部门，即永久私有化。

在各国应用BOT的过程中，除了上述三种基本形式外，还出现了很多演变形式，以反映项目的主要特点，例如：

① BOOST（Build-Own-Operate-Subsidize-Transfer），一般译为"建造－拥

有－运营－补偿－移交",即所谓的后补贴模式,是指当特许经营项目财务评价不可行时,公共部门为了吸引私营部门参与特许经营项目建设,在项目的运营阶段给予私营部门一定补偿以满足私营部门的盈利要求。

② BT（Build-Transfer）,一般译为"建造－移交",是指在项目建成后,公共部门采用一次支付或分期支付的方式从私营部门手中购回项目。在 BT 模式中,私营部门是项目投资者或者法人,负责项目的融资、建设,而公共部门用于回购项目的资金往往是事后支付,而且回购项目的资金一般是由项目运营收入来支付的,但也有一些项目采用财政拨款方式支付项目回购资金的。

③ BLT（Build-Lease-Transfer）,一般译为"建造－租赁－移交",是指公共部门授予私营部门融资、建造特许经营项目的权利,项目建成后,公共部门将项目租赁给私营部门,由私营部门负责项目运营,租赁期结束后,私营部门将项目移交给公共部门。

④ IOT（Investment-Operate-Transfer）,一般译为"投资－运营－移交",是指公共部门授予私营部门投资、运营已有基础设施项目的特许权,特许期期满之时,私营部门将特许经营项目移交给公共部门。

⑤ DBOT（Design-Build-Operate-Transfer）,一般译为"设计－建造－运营－移交",是指公共部门授予私营部门设计、建造、运营项目的特许经营权利,特许期内,私营部门负责特许经营项目的运营和维护,并通过向项目使用者收取费用来回收投资成本并获得合理利润,特许期期满之时,私营部门将该项目无偿/有条件移交给相应的政府机构。

⑥ SBOT（Subsidize in Building-Operate-Transfer）,一般译为"补偿－建造－运营－移交",即所谓的前补偿模式,是指通过政府对城市轨道交通项目部分出资来满足社会投资者的盈利要求（蔡蔚,2007）。具体如下:建设期,公共部门负责项目土建工程部分的投资和建设,私营部门负责项目机电设备部分的投资和建设;特许期内,公共部门通过资产租赁的形式把项目土建部分交由私营部门运营,通过向公共部门缴纳租金来获得项目土建工程部分的使用权;同时私营部门负责整个项目的运营和维护,回收投资成本并获得合理利润,特许期期满之时,私营部门将整个项目无偿移交给公共部门。如北京地铁4号线、杭州地铁1号线、北京地铁14号线等均采用 SBOT 模式建设。

由于这些演变的项目融资方式在本质上与 BOT 相类似,且它们与 BOT 的基本原则、分析思路是相同的,因此,学者们通常将它们统称为 BOT 模式（Kumaraswamy 和 Zhang,2001;Kumaraswamy 和 Morris,2002;赵立力,

2007；王东波，2010），目前在国际上多采用的还是上述三种方式的 BOT 类型（Shen 等，1996；Yeo 和 Tiong，2000；Wang 和 Tiong，2000；Askar 和 Gab - Allah，2002）。值得注意的是，SBOT 模式是近年来我国为了解决经济效益不佳而社会效益显著的交通基础设施项目的资金短缺问题，而衍生出的一种新的 BOT 模式，主要用于大型城市轨道交通建设项目。

2. 特许期的基本概念与分类

（1）特许期的基本概念。

特许期，特许权协议的合同期限，是 BOT 项目特许权协议中的一个关键决策参数，是划分公共部门与私营部门各自权利、义务和职责的时间界限，是确定项目所有权和经营权归属的时间界限，是一种关于时间和经济的重要指标（秦旋，2005）。对私营部门来说，较短的特许期意味着较高的收费机制，从而把由此引起的风险转移给项目使用者；而对公共部门来说，过长的特许期则意味着在项目生命周期一定的条件下，特许期期满后其运营期较短，从而会导致政府损失（Khanzadi 等，2012；Yu 和 Lam，2013）。因此，特许期的决策应该兼顾公共部门和私营部门的利益。

特许期是 BOT 项目全寿命周期的一部分，项目全寿命周期包括项目的启动和筹备期、建设期、特许运营期、移交后运营期（梁学光，2009）。根据特许期是否包含建设期可以将特许期归为两类（Ye 和 Tiong，2003；王东波，2010；刘宁，2012）：一是明确划分项目的建设期与特许经营期，如图 1.1 所示，$0 \sim t_1$ 表示建设期，$t_1 \sim t_3$ 表示特许经营期；二是将建设期纳入特许经营期中，统称为特许经营期，如图 1.1 所示，$0 \sim t_3$ 表示特许经营期。本书采用第一种提法，即 BOT 项目特许期的长度不包括建设期。

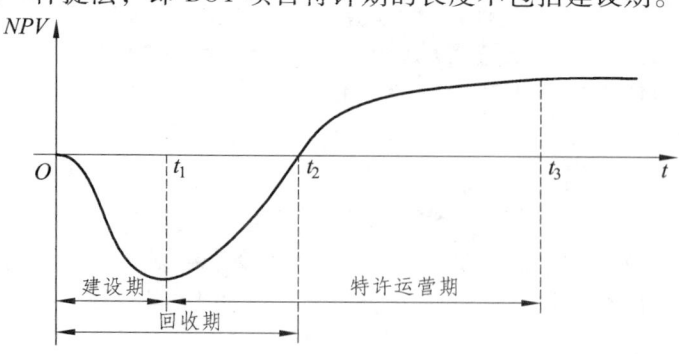

图 1.1 典型 BOT 项目 NPV 结构

（2）特许期的分类。

根据 BOT 项目特许权协议中特许期的确定方式，可以将特许期划分为固定特许期和弹性特许期两类（梁学光，2009；王东波，2010）。固定特许期是指在项目筹备阶段，公共部门和私营部门根据项目的基本信息来确定特许期并将特许期作为合同条款写入特许权协议，项目的建设和运营就严格按照既定的特许期进行，除非出现特许权协议规定的特殊情况（如不可抗力等原因），不能随意延长或者缩短特许期。弹性特许期是指公共部门和私营部门在特许权协议中不需要约定一固定期限的特许期，而是根据双方约定的目标收益来确定项目的特许期（Walker 和 Smith，1995；Engel 等，1997a；Engel 等，1997b）。

固定特许期通常采用特许期或者特许价格等作为竞标对象，而弹性特许期则是以项目收益现值/收益净现值为竞标对象，而公共部门则根据最低收益现值（Least Present Value of Revenue，LPVR）或最低收益净现值（Least Present Value of Net Revenue，LPVNR）原则来确定中标对象（Engel 等，2001；Nombela 和 De Rus，2004）。

目前，固定特许期是项目实践中通常采用的特许期形式，因此本研究的特许期是指固定特许期形式。

1.3.2　研究内容

考虑到交通 BOT 项目的投资不可逆、收益不确定和投资时机灵活等不确定性特征以及公共部门和私营部门在特许期的谈判过程中的不同策略，根据实物期权和博弈论理论相结合的方法，分别研究了不确定收益下交通 BOT/SBOT 项目特许期的决策问题，全书分为六章，具体研究内容如下：

第 1 章，绪论。首先简单介绍了研究背景，提出本书的研究问题及意义；然后对研究范畴进行了界定，并对研究内容及技术路线进行阐述；最后对创新点进行了归纳。

第 2 章，研究综述。首先回顾了传统的投资决策理论贴现现金流（discounted cash flow，DCF）方法，并指出传统的 DCF 方法在项目价值评估和投资决策中的局限性；其次总结了实物期权理论（Real Options Theory）的发展及其在特许经营项目的研究现状；最后对国内外有关 BOT 项目特许期的决策方法的研究文献进行了梳理、归纳及评述，并指出本书的研究方向。

第 3 章，财务评价可行 BOT 项目特许期的决策模型研究。以高速公路 BOT 项目为研究对象，研究了公共部门/私营部门在不确定收益下投资高速公路 BOT 项目的最优投资时机决策模型，得到高速公路 BOT 项目最优投资时机、公共部门能接受的最大特许期、私营部门能接受的最小特许期，以及 BOT 项目特许期的可行域；为进一步确定交通 BOT 项目特许期的均衡解，针对 BOT 项目特许权协议谈判过程中公共部门/私营部门不同的策略行为，分别构建了公共部门作为领导者、私营部门作为跟随者的特许期的 Stackelberg 博弈模型和特许期的 Nash 协商模型；接着求解出双方不同策略下特许期的均衡解，并对其性质进行了讨论；最后通过实例对不确定收益下 BOT 项目特许期的决策模型进行了验证和分析。

第 4 章，财务评价不可行 BOT 项目政府资本补偿数量的决策研究。以城市轨道交通 BOT 项目为研究对象，考虑到轨道交通 BOT 项目显著的社会效益，提出在项目财务评价不可行时政府应该对其进行资本补偿以吸引社会资本参与轨道交通项目建设，并进一步提出公共部门/私营部门投资轨道交通 BOT 项目的基准条件，采用加权平均资金成本（WACC）作为私营部门的贴现率，构建了轨道交通 BOT 项目资本补偿数量决策模型，并求解出政府资本补偿的可行域，最后通过算例分析对模型进行了验证。

第 5 章，政府资本补偿下 SBOT 项目特许期决策模型研究。在第 3 章和第 4 章研究的基础上，借鉴不确定收益下财务可行交通 BOT 项目特许期的决策方法，根据城市轨道交通 SBOT 项目的特点，综合考虑项目财务经济效益和社会效益，研究了政府资本补偿一定条件下城市轨道交通 SBOT 项目特许期的决策模型，其决策程序主要分为两步：第一，根据实物期权不确定条件下不可逆的投资理论构建公共部门/私营部门投资城市轨道交通 SBOT 项目的最优投资时机决策模型，得到轨道交通 SBOT 项目最优投资时机和特许期的可行域；第二，为进一步得到 SBOT 项目特许期的均衡解，针对公共部门和私营部门在特许期的谈判过程中的不同策略行为，分别构建了特许期的合作博弈模型和特许期的 Nash 协商模型，得到双方不同策略下特许期的均衡解，并对其性质进行了讨论；第三，通过算例对不确定收益下城市轨道交通 SBOT 项目特许期决策模型及其均衡解的性质进行了验证。

第 6 章，结论与展望。对全书所做的研究工作进行总结，指出本研究的局限性和不足，并对后续研究工作进行展望。

1.3.3 研究方法与技术路线

本书针对不确定收益下交通 BOT/SBOT 项目特许期的决策问题，采用的基本理论是实物期权与博弈理论，具体来说是不确定条件下不可逆的投资理论，Stackelberg 博弈、合作博弈和 Nash 协商博弈理论，运用偏微分方程（Partial Differential Equation）和最优停时理论（Optimal Stopping Theory）为主要分析工具，通过数理模型的构建，同时结合实例/算例和 Matlab 数值分析，对模型的结论进行了验证。具体方法如下：

（1）利用实物期权不确定条件下不可逆的投资理论，构建公共部门/私营部门投资交通 BOT/SBOT 项目的最优投资时机决策模型，得到特许期的可行域。

（2）利用博弈理论（Stackelberg 博弈、合作博弈和 Nash 协商博弈理论）分析了公共部门/私营部门不同策略下交通 BOT/SBOT 项目特许期的决策模型，得到特许期的均衡解。

（3）通过实例/算例分析，结合数值模拟的方法，对交通 BOT/SBOT 项目特许期决策模型及其均衡解的性质进行了验证。

本书的技术路线如图 1.2 所示。

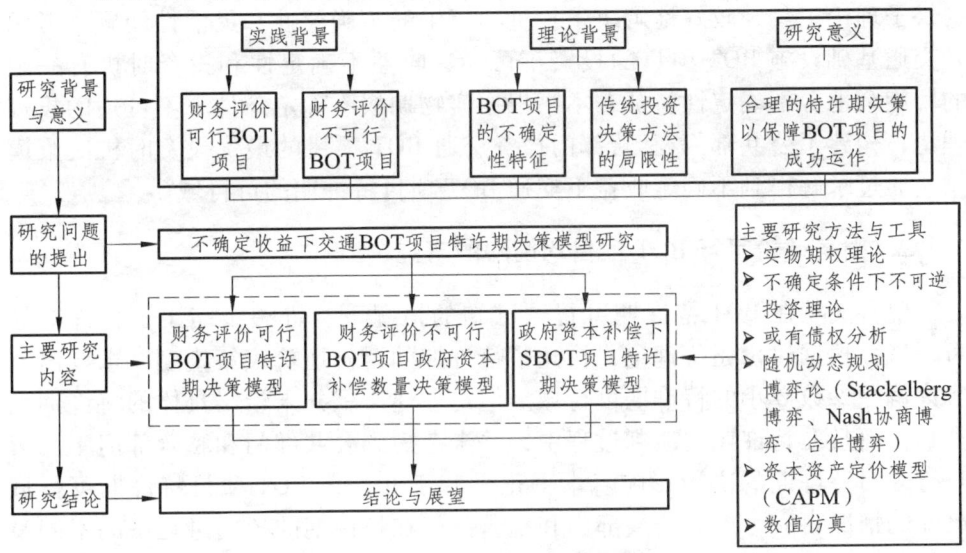

图 1.2　技术路线

1.4　创新点

近年来，采用 BOT 模式运作交通基础设施项目已成为减轻政府财政负担、提高项目运营效率的重要手段。特许期是 BOT 项目特许权协议的一个关键决策变量，合理的特许期对 BOT 项目的成功运作至关重要。本书根据 BOT 项目财务评价是否可行，将 BOT 项目分为两类：财务评价可行 BOT 项目和财务评价不可行 BOT 项目，研究了不确定收益下财务评价可行 BOT 项目特许期的决策模型、财务评价不可行 BOT 项目政府资本补偿数量的决策模型以及政府资本补偿下 SBOT 项目特许期的决策模型，本书的创新之处主要体现在以下三点：

1. **财务评价可行 BOT 项目特许期的可行域研究**

现有文献关于 BOT 项目特许期可行域的研究主要是根据 DCF 方法，借助 Monte Carlo 技术，依据项目预期现金流量，从公共部门和私营部门双赢的角度，构建了 BOT 项目特许期的决策模型，可以得到特许期的可行域。然而，传统的 DCF 方法由于并未考虑到项目执行过程的灵活性问题，应用传统的 NPV 方法进行项目价值评估和投资决策，往往会造成项目价值被低估，进而导致项目决策失误。实物期权的发展为衡量投资项目的不确定价值提供了理论工具，较好地解决了投资项目中的不确定性和灵活性问题。考虑到交通基础设施 BOT 项目的投资不可逆、收益不确定性和投资时机有一定的回旋余地等不确定性特征，本书根据实物期权不确定条件下不可逆的投资理论，构建了公共部门/私营部门投资交通 BOT 项目的最优投资时机决策模型，通过求解得到不确定收益下交通 BOT 项目特许期的可行域。

2. **财务评价可行 BOT 项目均衡解的研究**

现有文献在 BOT 特许期可行域已知的情况下，进一步缩小了特许期的可行域，根据讨价还价理论，构建了特许期的讨价还价决策模型，求解出比容许偏差参数 δ 小的特许期可行域。但是上述文献并未给出具体的特许期均衡解，而且在特许期的谈判过程中，并未考虑到公共部门和私营部门不同策略行为对特许期的决策影响。本书正是基于此，在 BOT 项目特许期可行域已知的情况下，考虑到公共部门和私营部门在特许期的谈判过程中的不同策略行为，根据博弈理论，分别构建了 BOT 项目特许期的 Stackelberg 博弈模型和 Nash 协商博弈模型，并得到特许期的 Stackelberg 博弈均衡解和 Nash 协商博弈均衡解。

3. **财务评价不可行 BOT 项目投资决策模型研究**

现有文献对 BOT 项目特许期决策模型的研究主要是针对财务评价可行 BOT 项目展开的，缺乏对政府资本补偿下 SBOT 项目的定量研究。政府资本补偿数量和特许期是 SBOT 项目特许权协议的两个关键决策变量，而且政府资本数量的大小直接关系到 SBOT 项目特许期的长短。本书正是基于此，以城市轨道交通 SBOT 项目为研究对象，在综合考虑项目经济效益和社会效益的基础上，首先研究了政府资本补偿数量决策问题，通过构建 SBOT 项目的资本补偿数量决策模型，得到政府资本补偿比例的可行域；然后在政府资本补偿一定的条件下，借鉴不确定收益下财务可行交通 BOT 项目特许期决策模型的分析框架，根据实物期权理论和博弈论理论，结合 SBOT 项目的特点，构建了不确定收益下 SBOT 项目特许期的决策模型，得到特许期的合作博弈均衡解和特许期的 Nash 协商均衡解，并通过数值分析对特许期的决策模型和均衡解的性质进行了验证。

2 研究综述

2.1 投资决策理论综述

项目投资决策理论与方法的发展大致经历了三个阶段：第一阶段是以贴现现金流（discounted cash flow，DCF）为代表的传统投资决策方法；第二阶段是将金融领域的期权定价理论引入项目投资领域，根据金融期权的方法来评估项目的投资机会而形成的实物期权分析方法；第三阶段为期权博弈理论，是将实物期权与博弈论理论相结合，将项目投资活动的不可逆性、不确定性及竞争性系统纳入同一分析框架体系而形成的期权博弈投资决策方法。期权博弈决策法是目前最为科学合理的投资评价与决策方法之一。

2.1.1 传统投资决策方法综述

传统的项目投资决策方法就是运用评价指标体系，通过分析与评价项目投资方案的经济效益，来确保项目投资决策的正确性和科学性。根据是否考虑资金的时间价值，可以将评价指标分为静态和动态两类评价指标体系。其中，静态评价指标不考虑项目的资金时间价值，主要包括投资收益率和静态投资回收期；而动态评价指标的计算考虑了项目的资金时间价值，在项目评估和投资决策过程中，常用的动态评价指标包括净现值和内部收益率等指标。净现值法是传统投资决策方法中最重要、最常用的一种项目投资决策的方法，这里将重点介绍净现值法。

1. 净现值法（NPV）

净现值（NPV）是反映项目投资方案在整个计算期内（包括项目建设期和运营期）盈利能力的动态评价指标，是指用一个预先设定的贴现率或基准收益率，分别计算项目建设期和运营期内各年的净现金流量的现值，其累计现值之和就是净现值。具体计算公式如下：

$$NPV = \sum_{t=0}^{n} \frac{(CI-CO)_t}{(1+r)^t} \qquad (2.1)$$

其中：NPV——项目的净现值；

$(CI-CO)_t$——第 t 年的净现金流量；

r——贴现率；

n——项目的计算期（包括建设期和运营期）。

项目投资决策者通常根据净现值大于、等于或小于零来判断项目投资方案是否可行。当 $NPV>0$，即净现值为正值时，说明该项目投资方案不仅能够满足投资者的基本盈利要求，还能获得超额预期收益，因此项目投资方案可行；当 $NPV=0$，即净现值为零时，说明项目投资方案仅仅能够满足投资者的基本盈利要求，因此项目投资方案勉强可行；当 $NPV<0$，即净现值为负值时，说明项目投资方案不能满足投资者的基本盈利要求，因此项目投资方案是不可行的。

在 BOT 项目实践中，私营部门投资 BOT 项目的基准条件通常为（Shen 等，2002；Shen 和 Wu，2005；Wu 等，2012；Hanaoka 和 Palapus，2012）：

$$NPV^{(1)} \geq I_c R_e \qquad (2.2)$$

其中：$NPV^{(1)}$——特许期内私营部门投资 BOT 项目的净现值；

R_e——私营部门的期望投资回报率；

I_c——私营部门在 BOT 项目的资金总投入包括建设期投资额和运营期成本。

净现值法是项目实践中最重要、最常用的项目投资决策方法，其优点主要有四点：一是考虑了项目投资方案资金的时间价值；二是考虑了项目整个计算期内（包括项目建设期和运营期）的现金流量；三是评价标准容易确定，判断直观，能够直接以货币额表示项目投资方案的盈利能力；四是考虑了项目投资方案的风险，用贴现率刻画项目的风险状况，风险越大的项目，通常贴现率取值越高。

净现值法的不足之处主要体现为三点：一是项目投资方案中整个计算期的现金流量情况和贴现率的确定是计算净现值的基础，但是它们的确定往往比较复杂；二是净现值是评价项目投资方案盈利能力的绝对评价指标，不便于在投资规模相差较大的投资项目中作比较；三是净现值法在项目实际应用中，假定项目投资是"刚性"的，忽视了项目投资时机的灵活性和项目未来成长的机会价值，而且没有考虑到竞争对手的行为对投资决策的影响。

2. 贴现率的确定方法

贴现率也称基准收益率，用 i_c 来表示，是计算净现值的基础，其大小直接关系到项目投资方案评价是否可行，因此，基准收益率确定的合理与否，对投资方案经济评价结论有直接影响。

（1）影响基准贴现率的因素。

基准收益率的确定一般以行业的平均收益率为基础，同时要兼顾资金成本、机会成本、投资风险和通货膨胀等因素对基准收益率的确定的影响。一般来说，在对国家投资项目进行经济评价时，以国家发布的行业财务基准收益率作为贴现率；而在对非国家投资项目进行经济评价时，贴现率则由投资者自行测定，但应综合考虑以下因素（刘晓君，2008）。

①资金成本和机会成本（i_1）。

资金成本是项目投资主体投资拟建项目愿意接受的最小收益率，而机会成本则是指项目投资主体将有限资金用于拟实施项目投资方案而放弃的其他投资机会所能获得的最大收益。因此，为了使资金得到最有效的利用，基准收益率不应低于单位资金成本和单位投资机会成本，即基准收益率应该满足如下表达：

$$i_c \geq i_1 = \max\{单位资金成本，单位投资机会成本\} \quad (2.3)$$

②风险贴补率（i_2）。

通常情况下，在项目的整个计算周期内，投资项目所面临的环境如经济环境、社会环境等可能会发生难以预测的变化，这意味着项目投资者要冒着一定的风险去投资拟实施项目，因此，在确定基准收益率时，要兼顾考虑拟投资项目的资金成本、机会成本和风险程度。当拟建项目所面临的项目风险较大时，为了补偿项目投资者所承担的风险，通常的做法是以一个适当风险贴补率 i_2 来提高基准贴现率 i_c 值，而且项目风险越大，风险贴补率 i_2 也越高。

一般来说，与劳动密集项目的风险相比，资本密集项目的风险较高；与通用性资产投资项目的风险相比，专用性资产投资项目的项目风险较高；与降低生产成本为目的的项目投资风险相比，以扩大生产规模、提高市场份额为目的的项目投资风险较高；与投资主体资金拮据者相比，资金雄厚的投资主体的风险较低。

③通货膨胀率（i_3）。

通常情况下，各种生产资料的价格以及劳务价格受通货膨胀的影响均会上涨。为反映和评价拟实施项目真实的经济效果，在确定项目基准收益率时，应考虑通货膨胀所带来的影响。

通货膨胀通常以通货膨胀率来刻画，主要表现为居民消费价格指数（Consumer Price Index，CPI），这里用 i_3 来表示。通货膨胀年年存在，具有复利计算的性质。通常情况下，每年的通货膨胀率是不尽相同的，但在项目实践中，为了研究方便，在项目计算期内，通货膨胀率通常被视为固定的，即选取一段时间的平均通货膨胀率作为拟实施项目的通货膨胀率。

由于通货膨胀率的存在，根据是否剔除通货膨胀等因素的影响，利率通常可以分为浮动利率和实际利率两种。其中，浮动利率用 i_m 来表示，是指不剔除通货膨胀等因素影响的利率，即银行执行的利率；实际利率用 i_r 来表示，是指人们预期价格不变时所要求的利率，即剔除了通货膨胀后的利率。i_3、i_m、i_r 之间的关系可以推导如下：

由

$$i_m = (1+i_r)(1+i_3) - 1 \tag{2.4}$$

得

$$i_r = \frac{1+i_m}{1+i_3} - 1 \tag{2.5}$$

$$i_r = i_m - i_3 - i_r \cdot i_3 \tag{2.6}$$

当 $i_r \cdot i_3$ 很小时，可以忽略利息购买力贬值，将式（2.6）化简为：

$$i_r = i_m - i_3 \tag{2.7}$$

④资金限制。

资金越有限，越需要合理规划，使之得利更有效的利用。因此，在资金短缺，进行项目经济评价时，可通过提高项目基准收益率的办法，以便筛选掉盈利性较差的备选投资项目。

Shen 等人在研究 BOT 项目特许期决策模型时，在确定公共部门和私营部门的投资 BOT 项目的贴现率时，综合考虑了资金成本和通货膨胀率等因素（Shen 等，2002）。后续关于 BOT 项目特许期决策模型的研究在确定公共部门投资贴现率时均采用了此方法，如 Shen 和 Wu（2005）、Wu 等（2012）和 Hanaoka 和 Palapus（2012）等。

（2）贴现率的确定方法。

贴现率的常用的测定方法有代数和法、资本资产定价（CAPM）模型、加权平均资金成本法（WACC）、典型项目模拟法、德尔菲（Delphi）专家调查法等；进行项目评价时，也可同时采用多种方法进行测算，将不同方法测算的结果进行彼此验证，经统一协调后确定。参照刘晓君（2008），这里重点介绍前三种：

①代数和法。

若投资项目在整个计算期内的现金流量是根据当年价格预测估计时，则应剔除通货膨胀的影响，即以年通货膨胀率 i_3 修正基准贴现率 i_c 值。此时，基准收益率 i_c 可用资金成本和机会成本 i_1、风险贴补率 i_2、通货膨胀率 i_3 的代数和来近似地表示，即：

$$i_c = (1+i_1)(1+i_2)(1+i_3) - 1 \approx i_1 + i_2 + i_3 \tag{2.8}$$

若投资项目在整个计算期内的现金流量是根据基年不变价格预测估计时,则无需再重复考虑通货膨胀的影响。此时,基准收益率 i_c 的近似表达式如下:

$$i_c = (1+i_1)(1+i_2) - 1 \approx i_1 + i_2 \tag{2.9}$$

上述可进行近似计算的前提条件是 i_1、i_2、i_3 都为较小的数。

②资本资产定价模型法(CAPM)。

采用资本资产定价模型(CAPM)测算行业财务基准收益率的公式为:

$$k = K_f + \beta \times (K_m - K_f) \tag{2.10}$$

式中:k——权益资金成本;

K_f——市场无风险收益率;

β——风险系数;

K_m——市场平均风险投资收益率。

式(2.10)中的风险系数,是反映行业特点与风险的重要参数,也是测算工作的重点和基础。应在行业内抽取有代表性的企业样本,以若干年企业财务报表数据为基础数据,进行行业风险系数测算。

式(2.10)中的市场无风险收益率,一般可采用政府发行的相应期限的国债利率;市场平均风险投资收益率可依据国家有关的统计数据进行测定。

由式(2.10)测算出的权益资金成本,可作为确定财务基准收益率的下限,再综合考虑采用其他方法测算得出的行业财务基准收益率并进行协调后,再确定基准收益率的取值。

③加权平均资金成本法(WACC)。

采用加权平均资金成本法(WACC)测算基准收益率的公式为:

$$WACC = K_e \frac{E}{E+D} + K_d \frac{D}{E+D} \tag{2.11}$$

式中:$WACC$——加权平均资金成本;

K_e——权益资金成本;

K_d——债务资金成本;

E——股东权益;

D——企业负债。

在 BOT 项目的研究中,通常采用 CAPM 和 WACC 相结合的方法来确定私营部门投资 BOT 项目的贴现率,如秦旋考虑到私营部门投资 BOT 项目的资金构成包括权益资金和债务资金,提出在确定私营部门投资贴现率时,应采用 CAPM 和 WACC 相结合的方法来确定私营部门的贴现率(秦旋,2005)。Hanaoka 和 Palapus 在研究交通 BOT 项目特许期的决策问题时,提出宜采用 WACC 的方法来确定私营部门投资 BOT 项目的贴现率（Hanaoka 和 Palapus, 2012）。

3. 传统项目投资决策评述

传统的以贴现现金流 DCF 方法为代表的项目投资决策方法，由于考虑到资金的时间价值，计算相对简便，且在贴现率的选取上在一定程度上考虑风险结构对项目投资决策的影响，因此，在项目实践中，传统的 DCF 方法被广泛应用于工程项目价值评估和投资决策，但是，DCF 法的应用隐含了以下基本假设前提：① 项目预期现金流量和贴现率可以准确估计；② 项目只能在"现在投资"和"永远不投资"两种方案中选择，即投资时机"刚性"；③ 项目整个计算期内，投资内外部环境不发生预期以外的变化，或者项目投资只能按照已确定的预设方案进行，不能因经济环境发生的变化而及时做出反应。

然而，交通 BOT 项目一般具有投资不可逆、收益不确定、投资时机灵活等特征，因此，运用 DCF 方法在进行项目价值评估和投资决策时往往忽略了项目投资的未来不确定性以及给后续投资带来的机会价值，造成 BOT 项目价值被低估，进而导致项目投资决策失误。正是在这种背景下，学者们开始尝试运用实物期权理论来研究工程项目领域的不确定环境下的项目投资决策和价值评估问题。

2.1.2 实物期权决策方法综述

由于传统的 DCF 方法没有考虑到拟建项目未来现金流的不确定性和项目执行过程中的灵活性问题，因此，应用传统的 DCF 方法进行项目价值评估和投资决策时，往往会造成项目价值被低估，进而导致投资决策失误（Dean, 1951；Hayes 和 Abernathy, 1980；Hayes 和 Garvin, 1982）。而在实践中，大多数的投资项目（尤其是交通 BOT 项目）一般都具有投资部分或完全不可逆（partially/completely irreversibility）、收益不确定（uncertainty）和投资时机灵活等不确定性特征，因此，在项目的价值评估过程中，项目的不确定性价值应该包含在项目的价值中（Doan 和 Menyah, 2013）。实物期权的兴起源于学术界和实务界对传统投资决策 DCF 方法的质疑。实物期权在项目价值评估过程中考虑到投资的不确定性和灵活性问题，弥补了传统投资决策 DCF 方法的不足。实物期权分析提供了一个评估动态不确定环境下投资价值评估的集成框架，是一种先进的金融工程分析方法（Dixit 和 Pindyck, 1994）。

实物期权可以追溯到 Arrow 和 Fisher（1974），他们认为在不确定环境下推迟不可逆投资是有价值的，提出了实物投资中蕴含的期权思想（Arrow 和 Fisher，1974）。Myers 提出投资主体的投资机会类似于"增长期权"（growth options）的思想，首次给出实物期权的概念，即可以将企业的实物资产（如土地、设备、专利技术等）投资看作是其拥有的一种在未来某一时刻以预先谈判的价格获得某项实物资产或投资项目的权利而非义务，因其标的物是实物资产，而被称为"实物期权"，并尝试将金融期权定价理论引入实物投资领域（Myers，1977）。在 Myers（1977）研究的基础上，金融期权定价的方法被广泛应用于实物资产项目投资领域。

20 世纪 80 年代以来，实物期权的应用研究吸引了国内外学者的广泛关注，这些研究主要集中于自然资源投资问题（Pindyck，1984；Morck 等，1989；Brennan 和 Schwartz，1985；Trigeorgis，1990；Clark 和 Easaw；2007）、R&D 投资问题（Mitchell，1990；Newton 和 Pearson，1994；Pennings 和 Lint，1997；Lint 和 Pennings，1998；Perlitz 等，1999；Schwartz，2004；Martzoukos，2009）和企业的投资问题等（Mcdonald 和 Siegel，1986；Trigeorgis 和 Mason，1987；Dixit 和 Pindyck，1994；Abel，1996；Pennings 和 Lint，2000；Dangl，1999；Pindyck，2002；Decamps 和 Mariotti 等，2004）。还有部分学者根据实物期权的基本分类对其进行研究，根据 Trigeorgis（1996）关于实物期权分类的划分，实物期权分为七类：延迟期权、改变经营规模期权、增长期权、转换期权、分阶段投资期权、放弃期权和复合期权。其中，延迟期权的应用领域主要包括自然资源开发和房地产开发等，其代表研究有 McDonald 和 Siegel（1986）；改变经营规模期权的应用领域主要包括采矿业等自然资源的运营、日常消费品和房地产项目的开发等，其代表研究有 McDonald 和 Siegel（1985）、Brennan 和 Schwartz（1985）；增长期权的应用领域主要包括基础设施开发和战略性投资领域，如 R&D 项目、战略并购、高科技等产业；转换期权主要应用于改变产品用途的需求波动大或小的订单商品和改变原材料如电力生产和化学原料等项目；分阶段投资期权主要应用于研发密集型产业和资本密集型项目如基础项目、能源项目的开发，其代表研究有 Trigeorgis（1993a）；放弃期权主要应用于金融服务、新产品开发、资本密集型产业如航空、铁路，其代表研究有 Myers 和 Majd（1990）；现实中大多数投资一般都具有多重复合期权的特征，关于复合期权的代表性研究有 Geske（1979）、Brennan 和 Schwartz（1985）、Trigeorgis（1993b）和 Herath 和 Park（2002）等。目前，实物期权理论已被广泛应用于研究不确定条件下不可逆的实物资产投资问题。

近年来，考虑到工程项目投资一般具有投资不可逆、收益不确定和投资时机灵活等不确定性特征，基于实物期权理论的 BOT 项目研究逐步成为工程项目管理领域的研究热点。实物期权理论主要用于管理弹性价值评估及其投资决策研究，而且更侧重投资决策研究，而现有文献关于实物期权在 BOT 项目中的应用研究主要集中在 BOT 项目价值评估上，缺乏基于实物期权的 BOT 项目投资决策研究，如 Ho 和 Liu 根据经典的 B-S 期权定价模型研究了政府提供贷款保证（loan guarantee）和救援（government rescue）下的基础设施 BOT 项目的财务可行性评价问题（Ho 和 Liu，2002）。Ford 等人针对建设工程项目运作中的动态不确定性问题，提出利用实物期权的方法来评估项目的管理弹性价值（Ford 等，2002）。Garvin 和 Cheah 针对 BOT 收费公路的收益不确定性特征，强调在进行项目经济评价时，宜采用实物期权的方法进行评价（Garvin 和 Cheah，2004）。王爱民和范小军针对传统评价方法不能对基础项目进行有效评价的问题，在分析基础项目评价的期权特性的基础上，提出了基于实物期权的基础项目经济评价模型（王爱民和范小军，2004）。Huang 和 Chou 根据欧式期权定价理论研究了最小收益保证期权和放弃期权下 BOT 项目的价值评估问题（Huang 和 Chou，2006）。Cheah 和 Liu 根据 Monte Carlo 模拟技术研究了最小收益保证下交通 BOT 项目的价值评估问题（Cheah 和 Liu，2006）。Chiara 等人针对 BOT 项目特定的政府最小收益保证机制，根据 multi-least-squares Monte Carlo 模拟技术研究了政府最小收益保证下基础设施 BOT 项目的期权价值评估问题（Chiara 等，2007）。Alonso-Conde 等人利用实物期权理论分析了基础设施 PPP 项目的激励与风险转移问题（Alonso-Conde 等，2007）。Liu 和 Cheah 结合我国南方某污水处理厂的实例，利用 Monte Carlo 模拟技术和基于电子表格的现金流量模型研究了政府担保期权价值评估问题（Liu 和 Cheah，2009）。Liu 等人利用实物期权理论研究政府限制保证下 PPP 项目的价值评估问题（Liu 等，2014）。何涛和赵国杰借助 Monte Carlo 模拟技术计算了政府最小收益保证的期权价值，并将其引入到 BOT 项目的特许期决策模型（何涛和赵国杰，2010）。Ashuri 等人根据风险中性定价方法研究了最小收益保证下 BOT 项目的价值评估问题（Ashuri 等，2012）。Iyer 和 Sagheer 根据实物期权二叉树期权定价模型研究了最小最大收益保证下交通 BOT 项目的价值评估问题，研究表明 BOT 项目的期权价值会增加项目的净现值（Iyer 和 Sagheer，2011）。刘继才和宋金龙通过对 PPP 项目管理柔性特征进行分析，认为 PPP 项目在运作过程中的不同阶段存在延迟期权、分阶段投资期权、放弃期权、改变投资规模期权等管理柔性（刘继才和宋金龙，2012）。高咏玲等人在延迟期权的考虑下提出了城市轨道交通项目建设时机的实物期权随机变量模型（高咏玲等，2008）。Scandizzo 和 Ventura 在延迟期权的考虑下，根据期权博弈理论，构建了不确定条件下特许权费用的决策模型（Scandizzo 和 Ventura, 2010）。Doan 和 Menyah 考虑到 PPP 项目投资活动一般具有延期期权特征，利用实物期权不确定条件下不可逆的投资理论研究了不确定条件下基础设施 PPP 项目的最优投资时机决策问题（Doan 和 Menyah, 2013）。唐文彬等人考虑到城市轨道交通项目投资的不可逆性、投资回报的不确定性和管理柔性等因素，提出了利用模糊理论与实物期权相结合的方法来评价城市轨道项目的投资价值（唐文彬等，2011）。朱秀丽和邱菀华把实物期权理论应用于铁路地下化项目 PPP 模式投资的评价模型，根据 B-S 期权定价公式，改进了传统的投资评价方法（朱秀丽和邱菀华，2011）。李明顺等人在交通基础设施 PPP 项目中引入实物期权的概念，在改进的 B-S 实物期权定价模型的基础上，进行了单因素和多因素敏感性分析（李明顺等，2011）。

通过以上分析可知，实物期权方法考虑到了 BOT 项目执行过程中的投资不可逆、收益不确定、投资时机灵活等不确定性问题，弥补了传统的项目投资决策方法的诸多不足，但是利用实物期权理论研究 BOT 项目的价值评估和投资决策问题时，并未考虑到 BOT 项目的主要参与方：公共部门和私营部门在 BOT 项目谈判过程中的策略行为，因此，在后续的研究中，须进一步将公共部门与私营部门之间的博弈分析纳入实物期权的分析框架，从而完善 BOT 项目的投资决策问题研究。

2.1.3 期权博弈决策方法综述

期权博弈理论，是将实物期权方法与博弈论思想、建模方法相结合，将项目投资活动的不可逆性、不确定性及竞争性系统纳入同一分析框架体系，而形成的期权博弈投资决策方法。期权博弈决策法作为项目投资决策方法的最新发展，是目前最为科学合理的项目投资决策与评价方法之一。

Smets 提出了连续时间期权博弈模型，开创了期权博弈理论研究的先河（Smets, 1991）。Smit 和 Ankum 针对不同的市场结构和竞争反应，根据离散的二项式期权博弈模型，研究了企业不确定竞争环境下的战略投资问题（Smit 和 Ankum, 1993）。Dixit 和 Pindyck 总结了 Smets（1991）的模型，根据期权博弈理论，研究了不完全竞争情况下的投资决策问题，得到领导者和追随者投资阈值和价值函数（Dixit 和 Pindyck, 1994）。Grenadier 根据期权博弈理论，以竞争环境下房地产开发企业为例，研究了双寡头市场结构下房地产开发企业如何决策投资阈值的问题（Grenadier, 1996）。Trigeorgis 研究了包含期权的抢滩博弈问题,通过博弈树分析方法,得到博弈参与方的策略均衡集(Trigeorgis,1996)。Grenadier 根据期权博弈理论,研究了竞争对延迟投资价值的影响问题,研究结果表明竞争会侵蚀延迟投资的价值(Grenadier,2002)。Kulatilaka 和 Perotti 根据期权博弈理论,研究了不完全竞争环境下的战略增长期权问题(Kulatilaka 和 Perotti,1998)。Huisman 和 Kort 通过引入混合策略均衡的概念,考虑到领导者策略和跟随者策略的相互关系,对 Dixit 和 Pindyck(1994)所构建的期权博弈模型进行了扩展,提出了对称双头垄断期权博弈型(Huisman 和 Kort,1999)。Weeds 根据期权博弈理论,研究了不完全竞争环境下 R&D 的延迟投资问题(Weeds,2002)。Pawlina 和 Kort 最早开始研究不对称双寡头垄断期权博弈问题,并提出了不对称双头垄断期权博弈模型的一般分析框架(Pawlina 和 Kort,2002)。Lambrecht 和 Perraudin 在"赢者通吃"的专利体系下,将不完全信息引入双头期权博弈模型,研究了企业的技术创新投资决策的抢先进入博弈问题(Lambrecht 和 Perraudin,2003)。

随着国外学者在期权博弈领域研究的不断深入,国内学者也开展了期权博弈理论的研究。安瑛晖和张维提出了期权博弈的一般分析框架(安瑛晖和张维,2001)。何德忠和孟卫东利用期权博弈理论研究了不确定性和竞争情况下企业在不同条件下的投资决策问题(何德忠和孟卫东,2004)。余冬平和邱菀华利用期权博弈理论,构建了不对称双头垄断期权博弈模型,得到领导者和跟随者投资 R&D 项目的最优投资均衡策略(余冬平和邱菀华,2005)。何德忠和孟卫东根据不对称双头期权博弈的分析框架,以新市场模型为基础,研究了企业的投资决策问题(何德忠和孟卫东,2006)。吴建祖和宣慧玉根据期权博弈理论,在不完全信息和不确定竞争环境下,研究企业 R&D 的最优投资时机问题(吴建祖和宣慧玉,2006)。曹国华和潘强通过引入建设时间变量,对对称双头垄断投资时机的期权博弈问题进行了扩展,并分析了企业研发投资的均衡策略问题(曹国华和潘强,2006)。曹国华和潘强根据期权博弈理论,研究了不完全环境下的双寡头竞争者的技术创新扩散问题(曹国华和潘强,2007)。谭英双根据 Liu 过程、Liu 公式等不确定性理论,研究了模糊环境下高新技术项目的价值评估问题(谭英双,2010)。蔡强等人针对信息不完全和技术不确定环境下的专利投资决策问题,利用期权博弈理论,构建了领导者和追随者分别具有先发优势和后发优势情况下的专利投资决策模型(蔡强等,2010)。王小柳和张曙光在投资项目时间有限的情况下,根据期权博弈理论,研究了不确定条件下两家企业在不同竞争环境下投资决策问题,得到不同竞争环境下企业的投资阈值和企业价值(王小柳和张曙光，2011）。蔡强等人考虑到企业 R&D 中的"学习效应"，通过引入非齐次泊松过程，研究了两企业的专利竞赛问题（蔡强等，2011）。谭英双等人在假定利润流现值和沉没投资成本为梯形模糊数的情形下分别扩展了对称/不对称双头垄断期权博弈模型，研究了模糊环境下企业技术创新的投资策略问题（谭英双等，2011；谭英双等，2012）。

2.2 特许期研究综述

现有文献关于特许期决策模型的研究主要可以分为三类：技术经济评价方法、博弈论和仿真技术（主要是蒙特卡罗模拟和系统动力学技术），其中基于技术经济评价方法构建的特许期决策模型是基础，而基于博弈论和仿真技术所构建的特许期决策模型是对前述模型的有益补充。基于技术经济评价方法构建的特许期决策模型可以方便地求解出特许期的可行域，后续研究主要从以下两个方面进行完善：一是基于博弈论的特许期决策模型可以进一步缩小特许期的可行域；二是基于仿真技术的特许期决策模型可以进一步弥补风险等因素对项目预期现金流的影响。具体的特许期决策模型研究发展脉络如下。

2.2.1 基于技术经济评价方法的特许期决策模型

常见的用于特许期研究的技术经济评价方法主要有净现值方法（net present value，NPV）和内部收益率（internal rate of return，IRR），这里主要阐述有关净现值的特许期决策模型的文献综述，其中李启明和申立银（2000）所构建的基础设施 BOT 项目特许期的决策模型是研究基础。

李启明和申立银（2000）从公共部门和私营部门双赢的角度出发，构建了基础设施 BOT 项目特许期 T_c 的决策模型：

私营部门：

$$NPV^{(1)} = \sum_{t=1}^{T_c} NPV_t = \sum_{t=1}^{T_c} \frac{(CI-CO)_t}{(1+r)^t} = I_c R \qquad (2.12)$$

公共部门：

$$NPV^{(2)} = \sum_{t=T_c+1}^{n} NPV_t = \sum_{t=T_c+1}^{n} \frac{(CI-CO)_t}{(1+r)^t} \geq 0 \qquad (2.13)$$

式中：T_c——特许期；

CI——现金流入量；

CO——现金流出量；

$(CI-CO)_t$——第 t 年净现金流量；

I_c——私营部门在 BOT 项目上的投资总额；

R——私营部门预期的投资回报率；

r——贴现率，$r=\dfrac{1+i}{1+I}-1$；

i——银行贷款利率；

I——通货膨胀率；

n——项目的经济寿命。

Shen 等人在李启明和申立银（2000）的基础上，进一步对 BOT 项目特许期的决策模型进行了修正，得到 BOT 项目特许期的决策模型（Build-Operate-Transfer Concession Model，BOTCcM），具体来说，是将私营部门投资基础设施 BOT 项目的约束条件修改为 $NPV^{(1)} \geq I_c R$，如式（2.14）所示；然后通过联立公共部门/私营部门投资 BOT 项目的约束条件，即式（2.13）和式（2.14），得到特许期的决策模型；通过求解可以得到特许期的可行区间。

私营部门：

$$NPV^{(1)} = \sum_{t=1}^{T_c} NPV_t = \sum_{t=1}^{T_c} \frac{(CI-CO)_t}{(1+r)^t} \geq I_c R \qquad (2.14)$$

秦璇在 Shen 等（2002）研究的基础上，对 BOTCcM 特许期决策模型中私营部门净现值计算中的贴现率进行了修正。考虑到私营部门投资 BOT 项目的资本构成通常包括股本资金和债务资金，秦璇提出在确定私营部门净现值时，对股本资金和债务资金的成本要区别对待，其中股本资金成本要考虑私营部门股本资金的机会成本和风险报酬率，而债务资金则通过银行贷款利率和通货膨胀率来计算。研究认为私营部门的净现值 $NPV^{(1)}$ 应该采用风险校正贴现率计算，而公共部门的净现值 $NPV^{(2)}$ 还是按照公式（2.13）的贴现率计算。其中风险校正贴现率的计算步骤如下：

首先，参考拟进入行业的某家公司的贝塔系数，估算出项目现金流的系统风险特征。

其次，根据资本资产定价模型（CAPM）和 MM 负债理论得到无负债贝塔系数（β_a）和负债贝塔系数（β_e）的数学关系，即：

$$\beta_a = \beta_e \frac{E}{E+D(1-t)} \qquad (2.15)$$

式中：D——私营部门的债务资金；

E——私营部门的股本资金；

t——税率。

根据式（2.16）可以得到私营部门的贝塔系数 β_i，结合 CAPM 模型：

$$r_i = r_f + \beta_i (r_m - r_f) \qquad (2.16)$$

式中：r_i——在给定风险水平 β_i 条件下，私营部门的预期投资收益率；

r_m——资本市场的平均投资收益率；

r_f——无风险投资收益率。

即可以得到股本资金成本。

最后，加权平均资金成本（WACC）的计算公式为：

$$WACC = k_e \left(\frac{E}{E+D}\right) + k_d \left(\frac{D}{E+D}\right)(1-t) \qquad (2.17)$$

式中：k_e——股本资金成本；

k_d——债务资金成本；

D——项目债务资金的市场价值；

E——项目股本资金的市场价值；

t——公司税率，计算出项目的综合资金成本，即确立了项目的经风险校正的贴现率（秦璇，2005）。

在项目建设和运营阶段，BOT 项目面临着许多不确定性因素，而这些不确定性因素直接影响 BOT 项目在整个计算期内的现金流量情况，进而影响 BOT 项目特许期的长短（Malini，1999；Liou 和 Huang，2008），而 BOTCcM 没有考虑到这些不确定性因素对特许期决策模型的影响，Shen 和 Wu 在 Shen 等（2002）研究的基础上，针对特许期的 BOTCcC 决策模型并未考虑到风险等不确定因素对 BOT 项目现金流量的影响这一不足，在式（2.13）和式（2.14）的基础上，借助 Monte Carlo 模拟技术，首先将投资成本（annual capital investment）、建设期（construction time）、收费价格（toll price）、交通量（annual traffic volume）、维护成本（annual maintenance cost）和贴现率（annual discount rate）作为不确定性参数，定义投资成本和建设期服从三角概率分布（triangular probability distribution）、维护成本和贴现率服从正态分布、收费价格在不同的时间段服从不同的离散分布，交通量在不同的时间段服从不同的正态分布来模拟 BOT 项目的 NPV 函数，在给定私营部门置信水平 β_P 和私营部门置信水平 β_G 的情况下，分别探讨了 $\beta_P < \beta_G$，$\beta_P = \beta_G$，$\beta_P > \beta_G$ 三种情形下特许期的计算方法（Shen 和 Wu，2005）。

Wu 等人在 Shen 等（2002）研究的基础上，考虑到 BOT 项目移交时的净残值大于零，修正了 BOTCcM 特许期模型中公共部门投资 BOT 项目的边界条件，即式（2.13）可以修正为（Wu 等，2012）：

$$NPV^{(2)} = \sum_{t=T_c+1}^{n} NPV_t = \sum_{t=T_c+1}^{n} \frac{I_t - C_t}{(1+r)^t} \geqslant NAV_{T_c} \qquad (2.18)$$

式中：NAV_{T_c}——BOT 项目移交时的净资产价值（net asset value，NAV）。

综上所述，根据净现值方法包括借助蒙特卡罗模拟（Monte Carlo）技术所构建的特许期决策模型，依据项目预期现金流量及其分布，可以方便地求解特许期的可行域，但是并不能进一步得到特许期的均衡解。

2.2.2 基于博弈论的特许期决策模型

在 BOT 项目可行域已知的情况下，为了进一步得到最优特许期，需要借助博弈理论，在特许期的谈判过程中，综合考虑公共部门和私营部门的不同策略，通过构建特许期的博弈模型，从而得到特许期的均衡解，如 Shen 等人在特许期可行域可知的情况下，根据讨价还价理论（Bargaining Game），构建了公共部门和私营部门关于 BOT 项目特许期的讨价还价模型。该方法能够从 BOTCcM 模型所得到的特许期的可行域中，求解出比容许偏差 δ 小的特许期可行域，进一步缩小特许期的可行域，从而提高特许期决策模型的有效性（Shen 等，2007）。

Hanaoka 和 Palapus 在 Shen（2005）和 Shen（2007）的研究基础上，利用 NPV 和 Monte Carlo 模拟技术相结合的方法，对菲律宾的交通 BOT 项目进行了实例研究，其首先根据 BOTCcM 模型求解出特许期的可行域，然后根据讨价还价理论构建了 BOT 项目特许期的博弈决策模型，得到比容许偏差 δ 小的特许期可行域（Hanaoka 和 Palapus，2012）。

还有一些学者认为，特许期的决策关系到公共部门和私营部门之间的利益分配，运用博弈理论来协调双方之间的利益冲突，以保障 BOT 项目的成功运作。而特许期的决策问题被看作是公共部门和私营部门之间的完全信息动态博弈。

杨宏伟等人以交通 BOT 项目为研究对象，假定特许期的长短与私营部门在 BOT 项目的初始投资即项目的建设成本有关，而且维护成本 $V(C)$ 随着建设成本 C 的增加而减少，即 $\frac{\partial V(C)}{\partial C} < 0$。当特许期太短，私营部门会选择低的建设成本，而低的建设成本会影响项目的建设质量，从而使得项目的维护成本过高，导致公共部门运营期收益降低；而特许期过长虽然可以激励私营部门增加对项目的投入，提高项目质量，但相应也减少了公共部门的收益。提出了如下基本假设：

(1) 收费价格 P 是个外生变量,是由公共部门根据市场和社会福利等因素确定的;

(2) 假定交通流量的均值是一个常数;

(3) 仅考虑 BOT 项目的直接经济效益;

(4) 私营部门能用最小的成本实现公共部门所要求的质量目标,且道路年维护成本与道路建成成本成反比。

假定公共部门和私营部门之间的博弈规则如下:首先,私营部门在公共部门给定特许期的条件下作出其最优的初始投资决策即项目的建设成本;其次,给定私营部门的最优投资策略,公共部门决策其最优特许期。根据博弈理论,杨宏伟等人构建了交通 BOT 特许期的二阶段博弈模型,通过回溯法进行求解,得到特许期的最优决策模型(杨宏伟等,2003)。

鲍海君在杨宏伟等(2003)的基础上,将交通 BOT 项目特许期的博弈模型推广到了一般的 BOT 项目。他同样认为私营部门掌握 BOT 项目建设所需的先进技术,具有较高的管理水平,因此,在 BOT 项目建设过程中,可以用较小的建设成本实现 BOT 项目的质量要求。假定公共部门和私营部门的博弈规则与杨宏伟等(2003)所描述的博弈规则一致,以一般的 BOT 项目为研究对象,根据博弈论方法,构建了总成本变动下 BOT 项目特许期的博弈模型,通过回溯法进行求解,得到特许期的最优决策模型(鲍海君,2009)。

高丽峰等人将 BOT 项目特许期的决策问题看作是特许期在公共部门和私营部门之间的比例分成问题,根据博弈理论,构建了完全信息动态博弈下的"分蛋糕"模型,通过逆向归纳法进行求解,得到特许期的比例为 $1/(1+\delta)$,$0<\delta<1$。其中 δ 为消耗系数,由谈判费用、谈判的机会成本、利息损失、谈判双方相互争夺的程度等因素共同决定。在项目经济寿命一定的条件下,针对预期收益稳定的 BOT 项目,私营部门应该充分、谨慎地估计 BOT 项目的建设成本和特许期内的运营成本,从而决定私营部门在双方谈判过程中的消耗系数 δ,最终才能得到私营部门的特许期"蛋糕"(高丽峰等,2006)。

吴孝灵等人考虑到 BOT 项目的有效运营期与私营部门的实际建设成本投资有关,认为私营部门很有可能从自身利益最大化出发,减少 BOT 项目的建设成本投资,从而缩小项目的有效运营期。在此假定下,借鉴 Stackelberg 博弈中的诱导机制和激励思想,建议公共部门应该根据 BOT 项目建设成本大小来规划项目的有效运营期,并把有效运营期的其中一部分作为特许期转让给私营部门,从而建立了私营部门建设成本和政府意愿特许期之间的动态博弈模型,并得到私营部门投资 BOT 项目的最优投资策略和公共部门的最优特许期激励策略(吴孝灵等,2011)。

王东波等以交通 BOT 项目为研究对象,假定交通量与收费价格呈线性变化,研究了弹性需求下交通 BOT 项目特许期的决策问题。将特许期的决策问题看作是公共部门和私营部门两个投资主体之间的完全信息动态博弈问题,其中公共部门以特许期作为决策变量,以社会消费者总剩余最大化作为决策目标;而私营部门则以特许价格作为决策变量,以净收益最大化为决策目标,假定双方的博弈规则如下:首先,公共部门给定项目的特许期,然后,私营部门在给定项目特许期的情况下决策特许价格,在此基础上,构建了交通 BOT 项目特许期的动态博弈模型,通过逆向归纳法进行模型求解,得到模型的 Nash 均衡解(王东波等,2011)。该研究的局限性是假定交通量需求函数是线性的,故所得的结论不具有一般性。

杨屹等人以环保基础设施/基础设施为研究对象,设计了环保基础设施/基础设施 BOT 项目的二阶段分期投资机制。利用期权博弈理论,探讨了成长期权对特许期决策的影响。假设公共部门拟计划采用 BOT 模式吸引私营部门参与环保基础设施/基础设施项目的建设。环保基础设施/基础设施项目分为两期进行投资建设,且在项目一期的招标中赋予中标方,即私营部门,拥有在完成项目一期投资建设若干年之后进行该项目二期的投资建设的权利,该投资机会类似于"增长期权",其价值为 E。BOT 项目在运营阶段的成本包括运营成本 C_n 和维护成本 C_m。

若干年后,项目一期的净现金流量即项目价值有两种可能状态,分别为 V_1^+ 和 V_1^-,如果市场条件好,私营部门会考虑进行项目二期投资建设,投资额为 C_2,则得 BOT 项目二期的价值为 V_2,其可能状态有两种,分别为 V_2^+ 和 V_2^-。则:

当市场条件好时,投资机会的价值为

$$E^+ = \max\ (V_1^+, V_2^+ - C_2) \tag{2.19}$$

当市场条件不好时,投资机会的价值为

$$E^- = \max\ (V_1^-, V_2^- - C_2) \tag{2.20}$$

因此,含有增长期权的 BOT 项目投资价值为

$$E = \frac{PE^+ + (1-P)E^-}{1+r} - C_1 \tag{2.21}$$

式中:P——市场条件好的风险中性概率。

经过类似上一模型的博弈分析过程,得到特许期的表达式如下:

$$T_c = \beta \frac{C_1}{R - C_n} - \frac{E}{R - C_n} + \frac{\mu}{R - C_n} \qquad (2.22)$$

由式（2.22）知 $\frac{\partial T_c}{\partial E} < 0$，说明随着增长期权价值的增加，BOT 项目特许期 T_c 变小，即公共部门在考虑私营部门增长期权价值时会导致特许期缩减。由于期权使得私营部门的利益和损失不对称，当不确定因素使得投资结果向有利方向发展时，私营部门可以选择执行该期权，以获得更大的收益；反之，私营部门可以选择放弃执行该期权，以避免对自己造成更大损失。但特许期作为对私营部门的利好，其在存在期权的情况下的减少，可以缓解私营部门利益和损失的不对称。

将实物期权理论引入 BOT 项目，有期权机制下决策的特许期较无期权机制下决策的特许期短，同时，虽然私营部门有缩减第一期建造成本的可能性，但面对维护成本上升和一旦被公共部门发现将丧失增长期权的执行权利的风险，私营部门做出影响工程质量的投机行为的可能性会降低（杨屹等，2007a；杨屹等，2007b）。

2.2.3 基于仿真技术的特许期决策模型

BOT 项目一般具有投资规模大、投资回收期长等特征，因此，BOT 项目在建设和运营等阶段通常会面临许多不确定性因素，而这些不确定性因素会直接影响 BOT 项目财务模型的输入变量，如建设成本、交通量、宏观经济参数、运营成本等，导致 BOT 项目净现值发生变化，进而改变特许期的长短（Malini，1999；Liou 和 Huang，2008）。Monte Carlo 模拟技术作为风险管理的常用工具之一，通常被用于不确定收益下 BOT 项目特许期的决策问题研究（Raftery，2003；Hertz，1964）。

Monte Carlo 模拟技术最早用于研究欧式衍生资产的价值评估问题（刘海龙和吴冲锋，2002）。目前，在工程项目领域，运用 Monte Carlo 模拟技术进行风险定量分析可以为 BOT 项目参与方包括公共部门和私营部门处理不确定环境下的投资决策提供新的视角。BOT 项目决策主体（如公共部门和私营部门）在应用 Monte Carlo 模拟技术研究特许期决策模型时需要根据项目实践，定义不确定性变量的概率分布，其中 BOT 项目的不确定性参数通常包括市场需求、收费价格、建设成本、运营成本、贴现率、贷款利率及通货膨胀率等（Zhang，2006），根据 Monte Carlo 技术模拟出 BOT 项目决策主体的 NPV 曲线，通过计算得到给定置信水平下特许期的可行域，结合项目评估（Tarek 等，2002）、模糊数学（Ng 等，2007b）等方法进行优化。

根据 Monte Carlo 模拟技术决策 BOT 项目特许期的步骤如下：首先，识别 BOT 项目的确定性参数（certain parameters）和不确定性参数（uncertain parameters），考虑不确定性因素对 BOT 项目财务模型输入参数的影响，设定不确定参数的分布函数；其次，建立关于 BOT 项目特许期的财务模型即 BOTCcM 模型，Monte Carlo 模拟技术被用于生成整个计算期内 BOT 项目净现值 NPV 的常见分布，通过计算可以得到 BOT 项目特许期的可行域以便于公共部门和私营部门在谈判过程中进行特许期决策；最后，根据讨价还价理论来确定公共部门和私营部门均满意的比容许偏差 δ 小的特许期的可行域。具体分析框架如图 2.1 所示。

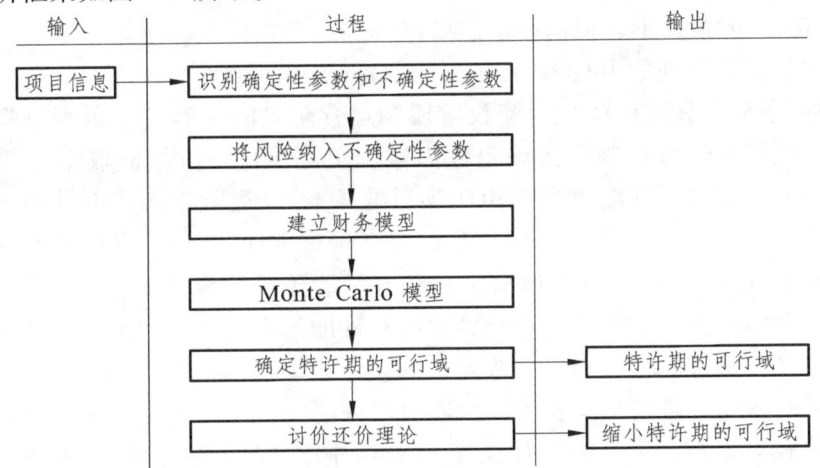

图 2.1 BOT 项目特许期的分析框架（Hanaoka 和 Palapus，2012）

Shen 和 Wu 针对特许期的 BOTCcC 决策模型并未考虑到风险等不确定因素对 BOT 项目现金流量的影响这一不足，在式（2.13）和式（2.14）的基础上，借助 Monte Carlo 模拟技术，首先将投资成本（annual capital investment）、建设期（construction time）、收费价格（toll price）、交通量（annual traffic volume）、维护成本（annual maintenance cost）和贴现率（annual discount rate）作为不确定性参数，定义投资成本和建设期服从三角概率分布（triangular probability distribution）、维护成本和贴现率服从正态分布、收费价格在不同的时间段服从不同的离散分布，交通量在不同的时间段服从不同的正态分布来模拟 BOT 项目的 NPV 函数，在给定私营部门置信水平 β_P 和私营部门置信水平 β_G 的情况下，分别探讨了 $\beta_P < \beta_G$，$\beta_P = \beta_G$，$\beta_P > \beta_G$ 三种情形下特许期的计算方法（Shen 和 Wu，2005）。

Hanaoka 和 Palapus 在 Shen 和 Wu（2005）和 Shen 等（2007）研究的基础上，以菲律宾 BOT 项目为例，利用 Monte Carlo 模拟技术和博弈论相结合的方法，构建了 BOT 项目特许期的决策模型（Hanaoka 和 Palapus，2012）。

Zhang 和 AbouRizk 考虑到 BOT 项目建设阶段和运营阶段的不确定性因素，将建设期、建设成本和项目运营期内的净现值定义为不确定性参数，综合运用关键路径法（Critical Path Method，CPM）和 Monte Carlo 模拟技术构建了特许期的决策模型，具体决策过程如下：首先，根据关键路径法 CPM 将 BOT 项目建设期划分为若干个子阶段，分别定义各阶段内时间和成本的概率分布，根据 Monte Carlo 模拟技术计算出 BOT 项目的建设期和建设成本；其次，根据 Monte Carlo 模拟技术计算 BOT 项目运营期内的 NPV 函数，在给定置信水平、私营部门能接受的最低回报率 IRR_{min} 和公共部门允许的最高回报率 IRR_{max} 的条件下，根据插值法可以得到运营期的上、下限；最后，计算 BOT 项目的特许期的可行域（Zhang 和 AbouRizk，2006）。

Ng 等人考虑到 BOT 项目建设阶段和运营阶段的不确定性因素，将建设期、贴现率和收费机制作为确定性因素，而将项目各阶段的成本（包括设计、建设、运营、管理和维护 BOT 项目的成本）、运营收入和项目利润（运营收入和成本之差）作为不确定性因素，根据 Monte Carlo 模拟技术，在边界条件为 $NPV=0$ 时，分别模拟出私营部门能接受的最低回报率 IRR_{min}、私营部门期望回报率 $IRR_{expected}$ 和公共部门允许的最高回报率 IRR_{max} 三种情况下特许期（concession period）与收益率的累计概率（cumulative probability）之间关系的曲线。研究结果表明，合理的特许期应该同时满足 IRR_{min} 的累计概率相对较高、$IRR_{expected}$ 的累计概率相对适中、IRR_{max} 的累计概率相对较低（Ng 等，2007a）。

Ng 等人为了在特许权协议谈判过程中平衡公共部门、私营部门和项目使用者之间的利益，在 Ng 等（2007a）研究的基础上，进一步引入了模糊多目标决策模型（Fuzzy Multi-objective Decision Model），通过优化和比选基于蒙特卡罗模拟（Monte Carlo）技术所确定的备选方案，从而在三个决策目标（max IRR；min tariff regime；min concession period）均衡条件下确定合理的特许期（Ng 等，2007b）。

王东波等人在 Ng 等（2007a）研究的基础上，以公路 BOT 项目为研究对象，从 BOT 项目收入函数和成本函数的角度，将建设期、交通量、收费价格、建设成本和维护成本作为 BOT 项目的关键风险变量，利用 Monte Carlo 模拟技术，构建了不确定收益下公路 BOT 项目的特许期决策模型，并通过实例对该模型进行了验证（王东波等，2010）。

宋金波等人以污水处理 BOT 项目为研究对象，利用 Monte Carlo 模拟技术，构建了一个带有收益约束条件（$NPVR_{min} \leq NPVR \leq NPVR_{max}$，其中 NPVR

表示 BOT 项目第 t 年的净现值率）的特许期决策模型，并分别对项目移交时有/无大修两种情况下特许期的可行域进行了估计（宋金波等，2010）。

宋金波等人以垃圾焚烧发电 BOT 项目为研究对象，以 [IRR_{min}, IRR_{max}] 作为项 BOT 项目内部收益率的可行区间，其中 IRR_{min} 表示私营部门能接受的内部收益率的下限，IRR_{max} 表示公共部门能接受的内部收益率的上限。利用 Monte Carlo 模拟技术对项目计算期内各年的净现值进行模拟，以实现内部收益率可行区间内不同内部收益率水平下的累积概率作为目标函数来构建垃圾焚烧发电 BOT 项目特许期的决策模型（宋金波等，2013）。

考虑到 Monte Carlo 模拟技术计算量大，且假定所有不确定性输入变量相互独立等不足，有学者开始尝试运用系统动力学（System Dynamics, SD）的方法来研究特许期的决策问题，如 Khanzadi 等人考虑到 BOT 项目不确定性参数的内在逻辑关系，运用系统动力学和模糊逻辑相结合的方法，通过模拟项目的净现值，得到特许期的可行域（Khanzadi 等，2012）。

2.2.4 特许期的决策方法比较分析

（1）基于 DCF 方法的特许期决策模型直观、简单、易操作，结合项目基本信息资料，方便计算出特许期的可行域，因此成为项目实践中最常用的特许期的决策方法。然而，基于净现值法的特许期决策模型并不能给出特许期的均衡解，而且其没有考虑到项目的不确定性和灵活性问题。因此，在后续研究中需要进一步分析与解决。

（2）基于蒙特卡罗模拟的特许期决策模型在基于 DCF 方法的基础上，将影响 BOT 项目现金流量的不确定性因素纳入特许期的决策模型，弥补了基于 DCF 方法的特许期决策模型的不足，通过基于 Monte Carlo 模拟的特许期决策模型可以得到考虑项目风险因素的特许期的可行域，但同时 Monte Carlo 模拟具有以下不足：计算量大、对不确定性输入变量的分布形式敏感和需要假定所有的输入变量的相互关系，更为重要的是基于 Monte Carlo 模拟的特许期决策模型不能捕获到 BOT 项目执行过程中的灵活性价值，而交通 BOT 项目一般具有投资不可逆、收益不确定、投资时机灵活等特征。因此，在后续研究中需要借助实物期权理论来研究不确定收益下交通 BOT 项目特许期的决策问题。

（3）基于博弈论的特许期决策模型将 BOT 项目特许期的决策问题抽象为公共部门和私营部门之间的完全信息动态博弈问题，从公共部门和私营部门双赢的视角，构建 BOT 项目特许期的讨价还价模型，通过求解可以得到特许期的均衡解，但是该模型也存在以下不足：在公共部门和私营部门的谈判过程中并未考虑到双方不同策略对 BOT 项目特许期均衡解的影响；把双方的特许期决策过程看作是完全信息动态博弈问题，而在项目实践中，由于双方的信息不对称问题，公共部门很难或者需要花费大量成本才能掌握项目的真实成本、收益等数据。因此，后续研究可以借助博弈论理论进一步分别探讨公共部门和私营部门不同策略下/不完全信息下 BOT 项目特许期的决策问题（赵立力等，2008；赵立力和谭德庆，2009；赵立力等，2009）。

2.3 本章小结

本章首先回顾了项目投资决策理论的发展历程，从传统投资决策方法到实物期权理论再到期权博弈理论，指出传统的 DCF 方法的优点和不足，并对实物期权和期权博弈理论进行简单综述；然后通过对现有的有关特许期决策方法的文献进行梳理，发现学者们对 BOT 项目特许期决策模型的研究已经取得显著成果，并深刻意识到合理的特许期决策是 BOT 项目成功运作的关键，其决策问题也逐渐成为 BOT 项目研究的热点，但尚存在以下问题亟待解决：

第一，通过对现有文献的研究、分析，得知对 BOT 项目特许期可行域的决策方法研究需要进一步完善。交通基础设施 BOT 项目投资一般具有投资不可逆、收益不确定等特征，在 BOT 项目的价值评估过程中应该考虑项目延迟期权等管理柔性价值。而传统的项目投资决策方法如 NPV 由于没有考虑到项目预期现金流量的不确定性和项目执行过程中的灵活性问题，应用传统的 NPV 方法进行项目投资评估和决策，往往会忽视项目期权的价值，造成项目价值被低估进而导致特许期决策失误。实物期权的发展为衡量投资项目的不确定性价值提供了理论工具，较好地解决了投资项目中的不确定性和管理灵活性问题。因此，有关实物期权不确定条件下不可逆的投资理论在 BOT 项目特许期的决策方面的研究需要在后续研究中不断探索。

第二，在 BOT 项目可行域已知的情况下，现有文献利用讨价还价理论所构建的特许期的博弈模型只能求解出比容许偏差 δ 小的特许期可行域，并不能给出特许期的具体时点，而且并未考虑到公共部门和私营部门在特许期决策过程中采用不同策略对特许期均衡解的影响。因此，需要在后续研究中根据博弈论理论探索求解特许期均衡解的方法。

第三，现有的关于财务不可行 BOT 项目资本补偿机制的研究较为薄弱。现有文献关于财务不可行 BOT 项目的补偿数量决策模型的研究存在以下局限性：在模型构建中，假定私营部门投资 BOT 项目的决策基准是特许期内净现值不小于零，而这一边界条件与私营部门投资 BOT 项目的决策准则不符,私营部门通常以特许期内净现值不小于投资总额与期望投资回报率的乘积作为其投资BOT项目的基准条件;在贴现率的选择上,未考虑到私营部门自身资金结构对贴现率的影响;未考虑到公共部门投资BOT项目的基准条件,仅从私营部门角度对政府补偿问题进行了研究,缺乏全面地研究轨道交通BOT项目政府资本补偿问题。因此,在后续研究中需要对财务不可行BOT项目的补偿机制进行研究。

第四,目前,关于BOT项目特许期决策问题的研究主要集中在财务评价可行BOT项目上,而对财务评价不可行BOT项目尤其是城市轨道交通SBOT模式的研究尚处于探索阶段,至今尚未见到对SBOT项目特许期进行定量研究的报道。

3 财务评价可行 BOT 项目特许期决策模型研究

交通基础设施 BOT 项目投资一般具有投资不可逆、收益不确定等特征（曾卫兵，2004；高咏玲等，2008；廖博，2010；唐文彬等，2011；Doan 和 Menyah，2013；Garvin and Cheah，2004；Wooldridge 等，2002；Bowe 和 Lee，2004），为了避免不确定性所带来的损失，在特许权协议谈判过程中，私营部门往往希望获得项目延迟投资的权利，而公共部门为了保障项目的顺利实施，通常会给予私营部门这一权利（郭明靓，2008）。根据不确定条件下不可逆的投资理论，投资者的投资机会通常被看作是美式看涨期权，因此，公共部门和私营部门关于 BOT 项目的投资决策就是要确定项目的最优投资时机从而使得其自身项目价值最大（McDonald 和 Siegel，1986；Dixit 和 Pindyck，1994）。

本章针对不确定收益下交通基础设施 BOT 项目特许期的决策问题，首先，根据实物期权不确定条件下不可逆的投资理论，结合交通 BOT 项目的基本特征，构建了交通 BOT 项目的最优投资时机决策模型，得到交通 BOT 项目特许期的可行域；其次，为进一步得到交通 BOT 项目特许期的均衡解，考虑到公共部门和私营部门在特许期的谈判过程中的不同策略行为，根据博弈理论，分别构建了交通 BOT 项目特许期的 Stackelberg 博弈模型和 Nash 协商模型，得到特许期的均衡解，并对均衡解的性质进行了分析。

3.1 问题描述及假设

假定政府计划采用 BOT 模式修建一条高速公路。在特许期 T 内，政府允许私营部门以价格 P 向道路使用者收取费用，以便收回投资成本。交通量用 Q 来表示；项目收费收入占运营收入①的比重为 λ；项目的建设成本为 C,

---

① 运营收入包括车辆通行费、项目沿线规定区域内的服务设施经营权及广告特许经营权等收入。

指在建设初期一次性投入，也即实物期权的执行价格。

假设1：交通量由于受到社会经济、人口环境、消费习惯和不可抗力等不确定性因素的影响，是风险变量，这里假定其服从几何布朗运动（GBM）（Pichayapan 等，2003；Garvin 和 Cheah，2004；Patil 和 Ukkusuri，2007；Iyer 和 Sagheer，2011），计算公式如下：

$$dQ_t = \alpha Q_t dt + \sigma Q_t dz$$

式中：α 和 σ 均为常数，分别代表交通量的预期增长率和波动程度；dz 为维纳过程的增量，服从正态分布，其中 $E(dz) = 0$，$E(dz)^2 = dt$。在下面的讨论中，在不引起混淆的情况下，我们用 Q 代替 Q_t。

假设2：道路运营成本由项目的建设成本决定，随着建设成本的增加，可以提高道路工程质量，从而降低运营成本，因此，假定运营成本 $V(C) = kC^{-a}$，其中 k，a 为常数且 $k > 0$，$a > 0$（杨宏伟等，2003；Nombela 和 De Rus，2004；鲍海君，2009）。

假设3：公路建设对生态环境造成价值损失（Sinha 和 Labi，2011），这里用 χ 来表示，主要包括对水土流失、耕地价值、林地价值、湿地价值等产生的不利影响。

3.2 BOT 项目特许期可行域研究

3.2.1 私营部门能接受的最小特许期

我们首先讨论私营部门投资 BOT 项目的最优投资时机问题，根据实物期权理论，交通 BOT 项目投资者可以获得一个在未来某一时刻以预先谈判价格投资价值波动的 BOT 项目的权利，其执行价格为交通 BOT 项目的建设成本 C，这种权利和金融期权中的美式看涨期权相似，投资者作出何时投资的决策就是确定何时执行这一权利。这是一个连续时间最优停止问题，存在某个投资临界值 Q_π，其投资规则是：当 $Q < Q_\pi$ 时，等待是最优的；当 $Q \geq Q_\pi$ 时，投资是最优的。相应的最优投资时机 T_π 为 Q 首次达到 Q_π 的时刻，即 $T_\pi = \inf\{t | Q \geq Q_\pi\}$（Peskir 和 Shiryaev，2006）。由于投资时机本身是与投资临界值相关的随机变量，在下面的讨论中，我们将只给出有关的投资临界值，不再给出相应的最优投资时间。在上述基本假设下，私营部门投资 BOT 项目的项目价值可以表述为：

$$V_\pi(Q) = \sup E_Q \left[e^{-\rho\tau} \left(\int_\tau^{\tau+T} e^{-\rho(s-\tau)}(1/\lambda)PQ_s ds - C_2 - \int_\tau^{\tau+T} e^{-\rho(s-\tau)} kC^{-a} ds \right) \right]$$

(3.1)

式中：E——期望，项目价值就是投资后项目的期望收益；
ρ——无风险利率；
τ——随机进入时间；
T——特许期；
C_2——私营部门的初始投资额。

根据期权定价理论，私营部门的期权价值$F(Q)$满足以下方程：

$$\frac{1}{2}\sigma^2 Q^2 \frac{d^2F}{dQ^2} + (\rho-\delta)Q\frac{dF}{dQ} - \rho F = 0 \tag{3.2}$$

方程（3.2）有解，其形式为：

$$F(Q) = A_1 Q^{\beta_1} + A_2 Q^{\beta_2}$$

式中：β_1，β_2是特征方程$\rho - \beta(\rho-\delta) - \frac{\beta}{2}(\beta-1)\sigma^2 = 0$的根。其中，$\beta_1 > 1$，$\beta_2 < 0$（具体证明见Dixit和Pindyck，1994），由初始条件$F(0)=0$，又由于$\beta_2 < 0$，所以常数$A_2 = 0$。可知，私营部门在$t = T_\pi$投资，其中$T_\pi = \inf(t|Q \geq Q_\pi)$，其投资BOT项目的项目价值为：

$$V_\pi(Q) = \begin{cases} \left(\dfrac{PQ}{\lambda\delta} - \dfrac{kC^{-a}}{\rho}\right)(1-e^{-\delta T}) - C_2, & Q \geq Q_\pi \\ \left(\dfrac{Q}{Q_\pi}\right)^{\beta_1}\left[\left(\dfrac{PQ_\pi}{\lambda\delta} - \dfrac{kC^{-a}}{\rho}\right)(1-e^{-\delta T}) - C_2\right], & Q < Q_\pi \end{cases} \tag{3.3}$$

由初始条件，价值匹配（value matching）和平滑粘贴（smooth pasting）的边界条件如下：

$$\left.\begin{array}{l} F(0) = 0 \\ A_1(Q_\pi)^{\beta_1} = \left(\dfrac{PQ_\pi}{\lambda\delta} - \dfrac{kC^{-a}}{\rho}\right)(1-e^{-\delta T}) - C_2 \\ \beta_1 A_1(Q_\pi)^{\beta_1-1} = \dfrac{P}{\lambda\delta}(1-e^{-\delta T}) \end{array}\right\} \tag{3.4}$$

可得出私营部门的投资阈值Q_π为：

$$Q_\pi = \frac{\lambda\delta}{P}\frac{\beta_1}{\beta_1 - 1}(1-e^{-\delta T})^{-1}\left[C_2 + \frac{kC^{-a}}{\rho}(1-e^{-\delta T})\right] \tag{3.5}$$

$$\beta_1 = \frac{1}{2} - \frac{\rho-\delta}{\sigma^2} + \sqrt{\left(\frac{\rho-\delta}{\sigma^2} - \frac{1}{2}\right)^2 + \frac{2\rho}{\sigma^2}} \tag{3.6}$$

式（3.5）中，$\delta = \mu - \alpha > 0$表示推迟项目建设的机会成本，其中$\mu$表示总的预期投资回报率，可以通过资本资产定价模型来确定。

命题3.1：对于任意给定的特许期T，存在投资阈值Q_π，当$Q \geq Q_\pi$时，私营部门愿意投资开发交通 BOT 项目。反之，对于 $Q \geqslant Q_\pi$ 的交通量 Q，对私营部门来说，存在最小可以接受的特许期 T_m，并且

$$T_m = \frac{1}{\delta} \ln \left(\frac{\dfrac{PQ}{\lambda\delta} - \dfrac{\beta_1}{\beta_1-1} \dfrac{kC^{-a}}{\rho}}{\dfrac{PQ}{\lambda\delta} - \dfrac{\beta_1}{\beta_1-1} \dfrac{kC^{-a}}{\rho} - \dfrac{\beta_1}{\beta_1-1} C_2} \right) \tag{3.7}$$

3.2.2 公共部门能接受的最大特许期

如果政府拟采用 BOT 模式开发项目，那么项目将交由私营部门投资建设，但政府须放弃特许权期 T 内的收益，特许期期满之时，私营部门再把基础设施的运营权转让给政府，政府就可以享有特许期期满后项目所带来的收益以及为保障项目正常运行所需支付的维护成本。根据实物期权理论，这是一个连续时间最优停止问题，即存在某个投资临界值 Q_P，当 $Q < Q_P$ 时，等待是最优的；当 $Q \geqslant Q_P$ 时，投资是最优的。相应的最优投资时机 T_P 为 Q 首次达到 Q_P 的时刻，即 $T_P = \inf(t \mid Q \geqslant Q_P)$（Peskir 和 Shiryaev，2006）。在上述假设下，政府开发该交通基础设施项目的项目价值可以表述如下：

$$V_P(Q) = \sup E_Q \left[e^{-\rho\tau} \left(\int_{\tau+T}^{\infty} (1/\lambda) PQ_s \mathrm{d}s - \int_{\tau+T}^{\infty} kC^{-a} e^{-\rho(s-\tau)} \mathrm{d}s - \int_{\tau}^{\infty} \chi e^{-\rho(s-\tau)} \mathrm{d}s \right) - C_1 \right] \tag{3.8}$$

式中：C_1——政府前期为项目所花费的成本包括上级主管部门给予的交通补助款，其他参数定义同上。

根据期权定价理论，政府期权价值 $f(Q)$ 是下面方程的解：

$$\frac{1}{2}\sigma^2 Q^2 \frac{\mathrm{d}^2 f}{\mathrm{d}Q^2} + (\rho - \delta) Q \frac{\mathrm{d}f}{\mathrm{d}Q} - \rho f = 0 \tag{3.9}$$

类似 3.2.1 部分的分析，可得政府的项目价值 $V_P(Q)$ 为：

$$V_P(Q) = \begin{cases} \left(\dfrac{PQ}{\lambda\delta} e^{-\delta T} - \dfrac{kC^{-a}}{\rho} \right) e^{-\delta T} - \dfrac{\chi}{\rho} - C_1, & Q \geqslant Q_P \\ \left(\dfrac{Q}{Q_P} \right)^{\beta_1} \left[\left(\dfrac{PQ_P}{\lambda\delta} e^{-\delta T} - \dfrac{kC^{-a}}{\rho} \right) e^{-\delta T} - \dfrac{\chi}{\rho} - C_1 \right], & Q < Q_P \end{cases} \tag{3.10}$$

由初始条件，价值匹配（value matching）和平滑粘贴（smooth pasting）的边界条件如下：

$$\left. \begin{aligned} f(0) &= 0 \\ A_1 (Q_P)^{\beta_1} &= \left(\dfrac{PQ_P}{\lambda\delta} e^{-\delta T} - \dfrac{kC^{-a}}{\rho} \right) e^{-\delta T} - \dfrac{\chi}{\rho} - C_1 \\ \beta_1 A_1 (Q_P)^{\beta_1 - 1} &= \dfrac{P}{\lambda\delta} e^{-\delta T} \end{aligned} \right\} \tag{3.11}$$

可得出政府的投资阈值为：

$$Q_P = \frac{\lambda\delta}{P}\frac{\beta_1}{\beta_1-1}\mathrm{e}^{\delta T}\left(\frac{kC^{-a}}{\rho}\mathrm{e}^{-\delta T}+C_1+\frac{\chi}{\rho}\right) \quad (3.12)$$

命题 3.2：对于任意给定的特许期 T，存在投资阈值 Q_P，当 $Q \geqslant Q_P$ 时，政府愿意投资以 BOT 模式开发的高速公路项目。反之，对于 $Q \geqslant Q_P$ 的交通量 Q，对政府来说，存在最大可以接受的特许期 T_M，并且

$$T_M = \frac{1}{\delta}\ln\left[\frac{\dfrac{PQ}{\lambda\delta}-\dfrac{\beta_1}{\beta_1-1}\dfrac{kC^{-a}}{\rho}}{\dfrac{\beta_1}{\beta_1-1}\left(C_1+\dfrac{\chi}{\rho}\right)}\right] \quad (3.13)$$

3.2.3 BOT 项目特许期的可行区间

在政府与私营部门均投资 BOT 项目的情况下，交通量须同时满足双方投资的条件，由式（3.7）和式（3.13），可以得出：

$$\frac{1}{\delta}\ln\left(\frac{\dfrac{PQ}{\lambda\delta}-\dfrac{\beta_1}{\beta_1-1}\dfrac{kC^{-a}}{\rho}}{\dfrac{PQ}{\lambda\delta}-\dfrac{\beta_1}{\beta_1-1}\dfrac{kC^{-a}}{\rho}-\dfrac{\beta_1}{\beta_1-1}C_2}\right)\leqslant T \leqslant \frac{1}{\delta}\ln\left[\frac{\dfrac{PQ}{\lambda\delta}-\dfrac{\beta_1}{\beta_1-1}\dfrac{kC^{-a}}{\rho}}{\dfrac{\beta_1}{\beta_1-1}\left(C_1+\dfrac{\chi}{\rho}\right)}\right]$$

$$(3.14)$$

命题 3.3：当 $Q \geqslant \max\{Q_\pi, Q_P, Q_e\}$ 时，政府和私营部门均愿意以 BOT 模式开发交通基础设施项目，此时特许期 T 的可行区间是：

$$\frac{1}{\delta}\ln\left(\frac{\dfrac{PQ}{\lambda\delta}-\dfrac{\beta_1}{\beta_1-1}\dfrac{kC^{-a}}{\rho}}{\dfrac{PQ}{\lambda\delta}-\dfrac{\beta_1}{\beta_1-1}\dfrac{kC^{-a}}{\rho}-\dfrac{\beta_1}{\beta_1-1}C_2}\right)\leqslant T \leqslant \frac{1}{\delta}\ln\left[\frac{\dfrac{PQ}{\lambda\delta}-\dfrac{\beta_1}{\beta_1-1}\dfrac{kC^{-a}}{\rho}}{\dfrac{\beta_1}{\beta_1-1}\left(C_1+\dfrac{\chi}{\rho}\right)}\right]$$

$$(3.15)$$

其中：$Q_e = \dfrac{\lambda\delta}{P}\dfrac{\beta_1}{\beta_1-1}\left(C_2+C_1+\dfrac{\chi}{\rho}+\dfrac{kC^{-a}}{\rho}\right)$。

由本节的分析可知，在交通 BOT 项目的基本信息可知的情况下，根据式（3.15）可以方便地计算出特许期的可行域，为了进一步确定特许期的均衡解，考虑到公共部门和私营部门在特许期的谈判过程中不同的策略行为，在接下来的节 3.3 和节 3.4，我们将分别构建公共部门作为领导者、私营部门作为跟随者的 Stackelberg 博弈模型和 Nash 协商模型来刻画双方的不同策略，求解得到特许期的 Stackelberg 博弈均衡解和 Nash 协商均衡解，并

分别对均衡解的性质进行分析，最后通过实例对特许期的决策模型和均衡解的性质进行验证。

3.3 特许期的 Stackelberg 博弈均衡解研究

3.3.1 特许期的 Stackelberg 博弈模型

期权博弈模型通常采用回溯法进行求解，假定政府作为领导者（leader），私营部门作为追随者（follower），首先，私营部门在政府给定特许期 T 的条件下进行决策，选择其投资 BOT 项目的投资阈值。根据前面 3.2.1 的分析，可知私营部门进入 BOT 项目特许权协议的投资阈值 Q_π 满足的表达式为：

$$Q_\pi = \frac{\lambda\delta}{P}\frac{\beta_1}{\beta_1-1}(1-e^{-\delta T})^{-1}\left[C_2 + \frac{kC^{-a}}{\rho}(1-e^{-\delta T})\right] \quad (3.16)$$

因此，私营部门的最优反应是当 $Q \geq Q_\pi$ 时，接受特许权协议，投资开发 BOT 项目。

给定私营部门的最优反应，政府决策问题可以表述如下：

$$V_C(Q) = \max_T \left\{ \sup E_Q \left[e^{-\rho\tau} \left(\int_\tau^\infty e^{-\rho(s-\tau)}(1/\lambda)PQ_s ds - C_1 - \frac{\chi}{\rho} - \frac{kC^{-a}}{\rho}e^{-\delta T} - \frac{PQ_\pi}{\lambda\delta}(1-e^{-\delta T}) \right) \right] \right\} \quad (3.17)$$

注意：式（3.17）中的参数定义同上。

类似 3.2.2 的分析，公共部门作为领导者，其项目价值可以表述为：

$$V_C(Q) = \begin{cases} \dfrac{PQ}{\lambda\delta} - C_1 - \dfrac{kC^{-a}}{\rho}e^{-\delta T} - \dfrac{\chi}{\rho} - \dfrac{\beta_1}{\beta_1-1}\left[C_2 + \dfrac{kC^{-a}}{\rho}(1-e^{-\delta T})\right], & Q \geq Q_C \\ \left(\dfrac{Q}{Q_C}\right)^{\beta_1}\left\{\dfrac{PQ_C}{\lambda\delta} - C_1 - \dfrac{kC^{-a}}{\rho}e^{-\delta T} - \dfrac{\chi}{\rho} - \dfrac{\beta_1}{\beta_1-1}\left[C_2 + \dfrac{kC^{-a}}{\rho}(1-e^{-\delta T})\right]\right\}, & Q < Q_C \end{cases} \quad (3.18)$$

其中，公共部门的投资阈值 Q_C 满足的表达式为：

$$\frac{PQ_C}{\lambda\delta} = \frac{\beta_1}{\beta_1-1}\left\{ C_1 + \frac{kC^{-a}}{\rho}e^{-\delta T} + \frac{\chi}{\rho} + \frac{\beta_1}{\beta_1-1}\left[C_2 + \frac{kC^{-a}}{\rho}(1-e^{-\delta T})\right]\right\} \quad (3.19)$$

令 $Q_C = Q_\pi$，得

$$\frac{1}{\beta_1-1}\frac{kC^{-a}}{\rho}e^{-2\delta T} - \left(C_1 + \frac{\beta_1}{\beta_1-1}C_2 + \frac{\chi}{\rho} + \frac{2}{\beta_1-1}\frac{kC^{-a}}{\rho}\right)e^{-\delta T} +$$

$$\left(C_1 + \frac{1}{\beta_1 - 1}C_2 + \frac{\chi}{\rho} + \frac{1}{\beta_1 - 1}\frac{kC^{-a}}{\rho}\right) = 0 \quad (3.20)$$

解方程得

$$e^{-\delta T} = \frac{C_1 + \frac{\beta_1}{\beta_1 - 1}C_2 + \frac{\chi}{\rho} + \frac{2}{\beta_1 - 1}\frac{kC^{-a}}{\rho} - \sqrt{\left(C_1 + \frac{\beta_1}{\beta_1 - 1}C_2 + \frac{\chi}{\rho}\right)^2 + 4\frac{C_2}{\beta_1 - 1}\frac{kC^{-a}}{\rho}}}{\frac{2}{\beta_1 - 1}\frac{kC^{-a}}{\rho}}$$

$$(3.21)$$

需要指出:由于 $0 < e^{-\delta T} < 1$,故舍去方程的另一解。

$$T_S^* = \frac{1}{\delta}\ln\left[\frac{\frac{2}{\beta_1 - 1}\frac{kC^{-a}}{\rho}}{C_1 + \frac{\beta_1}{\beta_1 - 1}C_2 + \frac{\chi}{\rho} + \frac{2}{\beta_1 - 1}\frac{kC^{-a}}{\rho} - \sqrt{\left(C_1 + \frac{\beta_1}{\beta_1 - 1}C_2 + \frac{\chi}{\rho}\right)^2 + 4\frac{C_2}{\beta_1 - 1}\frac{kC^{-a}}{\rho}}}\right]$$

$$(3.22)$$

至此,我们解决了公共部门与私营部门采取 Stackelberg 策略下交通 BOT 项目特许期的决策问题。从式 (3.22) 可以看到,与特许期的 Stackelberg 博弈均衡解有关的参数有建设成本、运营成本、政府前期为项目花费的成本、交通量预期增长率、交通量波动程度、推迟投资的机会成本等,这些参数直接关系到特许期的决策。在项目实践中,若公共部门与私营部门在特许期谈判过程中采用所述 Stackelberg 博弈规则,通过调查研究,在上述项目基本参数可知的情况,我们可以方便地决策出特许期的 Stackelberg 博弈均衡解。

3.3.2 均衡解的性质

性质 3.1:$\partial Q^*/\partial \sigma > 0$,说明在其他参数不变的情况下,BOT 项目的投资临界值 Q^* 随着波动率 σ 的增大而增大。

证明 根据式 (3.14),得

$$\frac{\partial Q_e}{\partial \sigma} = -\frac{\lambda\delta}{P}\frac{1}{(\beta_1 - 1)^2}\frac{\partial \beta_1}{\partial \sigma}\left(C_2 + C_1 + \frac{\chi}{\rho} + \frac{kC^{-a}}{\rho}\right)$$

而 $\frac{\partial \beta_1}{\partial \sigma} < 0$ (具体证明参见 Dixit 和 Pindyck, 1994)

故 $\frac{\partial Q_e}{\partial \sigma} > 0$,同理可得

3 财务评价可行 BOT 项目特许期决策模型研究

$\frac{\partial Q_P}{\partial \sigma} > 0$，$\frac{\partial Q_\pi}{\partial} \sigma > 0$，即 $\frac{\partial Q^*}{\partial \sigma} > 0$。

性质 3.1 表明了交通量的不确定性对 BOT 项目投资临界值的影响，即 BOT 项目投资临界值随着交通量波动率的增大而增大，使得项目投资方的等待更有价值，项目投资方倾向于推迟投资。在项目实践中投资方进行交通 BOT 项目投资时，由于面临各种风险，如市场需求风险、政策变动风险等，这时投资方往往投入成本进行项目可行性论证，推迟投资。

性质 3.2：$\partial T_S^* / \partial \sigma < 0$，说明在其他参数不变的情况下，BOT 项目特许期的 Stackelberg 博弈均衡解随着波动率 σ 的增大而减小。

证明 为方便问题分析，首先令

$$A = C_1 + \frac{\beta_1}{\beta_1 - 1} C_2 + \frac{\chi}{\rho} + \frac{2}{\beta_1 - 1} \frac{kC^{-a}}{\rho} - \sqrt{\left(C_1 + \frac{\beta_1}{\beta_1 - 1} C_2 + \frac{\chi}{\rho}\right)^2 + 4 \frac{C_2}{\beta_1 - 1} \frac{kC^{-a}}{\rho}}$$

$$B = \frac{2}{\beta_1 - 1} \frac{kC^{-a}}{\rho}$$

由式（3.22），得

$$\frac{\partial T_S^*}{\partial \sigma} = \frac{\partial T_S^*}{\partial \beta_1} \frac{\partial \beta_1}{\partial \sigma} = \frac{1}{\delta} \frac{1}{AB} \frac{\partial \beta_1}{\partial \sigma} (B'A - BA')$$

$$B'A - BA' = -\frac{2}{(\beta_1 - 1)^2} \frac{kC^{-a}}{\rho} \times \left[C_1 + \frac{\beta_1}{\beta_1 - 1} C_2 + \frac{\chi}{\rho} + \frac{2}{\beta_1 - 1} \frac{kC^{-a}}{\rho} - \sqrt{\left(C_1 + \frac{\beta_1}{\beta_1 - 1} C_2 + \frac{\chi}{\rho}\right)^2 + 4 \frac{C_2}{\beta_1 - 1} \frac{kC^{-a}}{\rho}} \right] -$$

$$\frac{2}{\beta_1 - 1} \frac{kC^{-a}}{\rho} \left[-\frac{1}{(\beta_1 - 1)^2} C_2 - \frac{2}{(\beta_1 - 1)^2} \frac{kC^{-a}}{\rho} - \frac{-\frac{C_2}{(\beta_1 - 1)^2}\left(C_1 + \frac{\beta_1}{\beta_1 - 1} C_2 + \frac{\chi}{\rho}\right) - \frac{2C_2}{(\beta_1 - 1)^2} \frac{kC^{-a}}{\rho}}{\sqrt{\left(C_1 + \frac{\beta_1}{\beta_1 - 1} C_2 + \frac{\chi}{\rho}\right)^2 + 4 \frac{C_2}{\beta_1 - 1} \frac{kC^{-a}}{\rho}}} \right]$$

$$= -\frac{2}{(\beta_1 - 1)^2} \frac{kC^{-a}}{\rho} \times \left[C_1 + \frac{\beta_1}{\beta_1 - 1} C_2 + \frac{\chi}{\rho} + \frac{2}{\beta_1 - 1} \frac{kC^{-a}}{\rho} - \sqrt{\left(C_1 + \frac{\beta_1}{\beta_1 - 1} C_2 + \frac{\chi}{\rho}\right)^2 + 4 \frac{C_2}{\beta_1 - 1} \frac{kC^{-a}}{\rho}} - \frac{C_2}{\beta_1 - 1} - \right.$$

$$\frac{2}{\beta_1-1}\frac{kC^{-a}}{\rho}+\frac{\frac{C_2}{\beta_1-1}\left(C_1+\frac{\beta_1}{\beta_1-1}C_2+\frac{\chi}{\rho}\right)+\frac{2C_2}{\beta_1-1}\frac{kC^{-a}}{\rho}}{\sqrt{\left(C_1+\frac{\beta_1}{\beta_1-1}C_2+\frac{\chi}{\rho}\right)^2+4\frac{C_2}{\beta_1-1}\frac{kC^{-a}}{\rho}}}\Bigg]$$

$$=-\frac{2}{(\beta_1-1)^2}\frac{kC^{-a}}{\rho}\times\Bigg[C_1+C_2+\frac{\chi}{\rho}+$$

$$\frac{\frac{C_2}{\beta_1-1}\left(C_1+\frac{\beta_1}{\beta_1-1}C_2+\frac{\chi}{\rho}\right)+\frac{2C_2}{\beta_1-1}\frac{kC^{-a}}{\rho}}{\sqrt{\left(C_1+\frac{\beta_1}{\beta_1-1}C_2+\frac{\chi}{\rho}\right)^2+4\frac{C_2}{\beta_1-1}\frac{kC^{-a}}{\rho}}}-$$

$$\sqrt{\left(C_1+\frac{\beta_1}{\beta_1-1}C_2+\frac{\chi}{\rho}\right)^2+4\frac{C_2}{\beta_1-1}\frac{kC^{-a}}{\rho}}\Bigg]$$

$$=-\frac{2}{(\beta_1-1)^2}\frac{kC^{-a}}{\rho}\times$$

$$\Bigg[C_1+C_2+\frac{\chi}{\rho}-\frac{\left(C_1+\frac{\beta_1}{\beta_1-1}C_2+\frac{\chi}{\rho}\right)\left(C_1+C_2+\frac{\chi}{\rho}\right)+\frac{2C_2}{\beta_1-1}\frac{kC^{-a}}{\rho}}{\sqrt{\left(C_1+\frac{\beta_1}{\beta_1-1}C_2+\frac{\chi}{\rho}\right)^2+4\frac{C_2}{\beta_1-1}\frac{kC^{-a}}{\rho}}}\Bigg]$$

$$=-\frac{2}{(\beta_1-1)^2}\frac{kC^{-a}}{\rho}\frac{\left(C_1+C_2+\frac{\chi}{\rho}\right)}{\sqrt{\left(C_1+\frac{\beta_1}{\beta_1-1}C_2+\frac{\chi}{\rho}\right)^2+4\frac{C_2}{\beta_1-1}\frac{kC^{-a}}{\rho}}}\times$$

$$\Bigg[\sqrt{\left(C_1+\frac{\beta_1}{\beta_1-1}C_2+\frac{\chi}{\rho}\right)^2+4\frac{C_2}{\beta_1-1}\frac{kC^{-a}}{\rho}}-$$

$$\left(C_1+\frac{\beta_1}{\beta_1-1}C_2+\frac{\chi}{\rho}\right)-\frac{\frac{2C_2}{\beta_1-1}\frac{kC^{-a}}{\rho}}{C_1+C_2+\frac{\chi}{\rho}}\Bigg]$$

而 $\sqrt{\left(C_1+\frac{\beta_1}{\beta_1-1}C_2+\frac{\chi}{\rho}\right)^2+4\frac{C_2}{\beta_1-1}\frac{kC^{-a}}{\rho}}<\left(C_1+\frac{\beta_1}{\beta_1-1}C_2+\frac{\chi}{\rho}\right)+\frac{\frac{2C_2}{\beta_1-1}\frac{kC^{-a}}{\rho}}{C_1+C_2+\frac{\chi}{\rho}}$

因此 $B'A - BA' > 0$，而 $\dfrac{\partial \beta_1}{\partial \sigma} < 0$（具体证明见 Dixit 和 Pindyck，1994）。故由此可得 $\dfrac{\partial T_s^*}{\partial \sigma} < 0$。

下面通过"反证法"证明。

$$\sqrt{\left(C_1 + \dfrac{\beta_1}{\beta_1 - 1}C_2 + \dfrac{\chi}{\rho}\right)^2 + 4\dfrac{C_2}{\beta_1 - 1}\dfrac{kC^{-a}}{\rho}}$$

$$< \left(C_1 + \dfrac{\beta_1}{\beta_1 - 1}C_2 + \dfrac{\chi}{\rho}\right) + \dfrac{\dfrac{2C_2}{\beta_1 - 1}\dfrac{kC^{-a}}{\rho}}{C_1 + C_2 + \dfrac{\chi}{\rho}}$$

首先，等式两边平方，得

$$\left(C_1 + \dfrac{\beta_1}{\beta_1 - 1}C_2 + \dfrac{\chi}{\rho}\right)^2 + 4\dfrac{C_2}{\beta_1 - 1}\dfrac{kC^{-a}}{\rho}$$

$$< \left(C_1 + \dfrac{\beta_1}{\beta_1 - 1}C_2 + \dfrac{\chi}{\rho}\right)^2 + \left(\dfrac{\dfrac{2C_2}{\beta_1 - 1}\dfrac{kC^{-a}}{\rho}}{C_1 + C_2 + \dfrac{\chi}{\rho}}\right)^2 + 4\left(C_1 + \dfrac{\beta_1}{\beta_1 - 1}C_2 + \dfrac{\chi}{\rho}\right)\left(\dfrac{\dfrac{C_2}{\beta_1 - 1}\dfrac{kC^{-a}}{\rho}}{C_1 + C_2 + \dfrac{\chi}{\rho}}\right)$$

因为 $\dfrac{\beta_1}{\beta_1 - 1} > 1$，因此可得

$$\sqrt{\left(C_1 + \dfrac{\beta_1}{\beta_1 - 1}C_2 + \dfrac{\chi}{\rho}\right)^2 + 4\dfrac{C_2}{\beta_1 - 1}\dfrac{kC^{-a}}{\rho}} < \left(C_1 + \dfrac{\beta_1}{\beta_1 - 1}C_2 + \dfrac{\chi}{\rho}\right) + \dfrac{\dfrac{2C_2}{\beta_1 - 1}\dfrac{kC^{-a}}{\rho}}{C_1 + C_2 + \dfrac{\chi}{\rho}}$$

3.3.3 实例分析

在重庆市境内某高速公路采用 BOT 模式建设，项目设计长度为 78.629 km，全线采用双向六车道高速公路标准建设，路基宽度 34.5 m，设计速度 120 km/h。项目总投资 727 644 万元，根据项目可行性研究报告，预计项目通车后初始交通量为 3.6 万辆/日（折算为小型车辆），预期年增长率为 8%，运营成本包括三部分：一是养护管理费为 18 万元/km；二是大修费，按部颁 JTJ014-97《公路沥青路面设计规范》，高速公路沥青砼路面使用年限为 10 年，按六车道为 300 万元/km 列入（按 55% 的路面大修计）；三是运营管理费为 10 万元/km。公路建设对生态环境造成的损失为 5000 万元。通过对相关项目历史数据的极大似然估计（Campbell 等，1997），得到

交通量的波动率为10%。

根据重庆市交通委员会与私人投资者签订的 BOT 项目特许权协议，双方约定：私人投资者投资 647 239 万元，交通部补助 60 000 万元，政府前期投入 20 405 万元，特许期为 30 年（收费年限），公路收费定价为 0.6 元/（车·km）（折算为小型车辆）。预计项目沿线规定区域内服务设施经营权和广告经营权等的收益占总运营收入的 25%。

1. 数据采集

根据以上项目基本资料可知

$C = 727\,644$，$C_1 = 80\,405$，$C_2 = 647\,239$，$Q_0 = 3.6 \times 365 = 1314$，
$V(C) = kC^{-a} = 58 \times 78.629 = 4560.48$，$\alpha = 0.08$，$\sigma = 0.1$，
$P = 0.6 \times 78.629 = 47$，$\lambda = 0.75$，$\chi = 5000$

为了获得预期回报率 μ，可采用资本资产定价模型（CAPM）：

$$\mu = \rho + \beta(r_m - \rho)$$

式中：ρ 是无风险利率，r_m 是市场报酬率，β 是投资者的贝塔系数。根据我国 2011 年 4 月公布的最新存款利率 5.25%，取 $\rho = 6\%$；市场报酬（率）可以根据 1996 年到 2008 年上证股指收市数据 P_t 计算得出，即 $\ln(P_t/P_{t-1})$，这里的 P_t 和 P_{t-1} 是相邻两个交易日恒生股指的收市价；然后计算该数据序列的算术平均值并按照每年 365 天予以调整得到年报酬率，得 $r_m = 0.14$；中国铁建的贝塔系数根据其每日报酬对每日市场报酬即上证股指报酬回归获得，得 $\beta = 0.867$，故

$$\mu = \rho + \beta(r_m - \rho) = 0.13$$

2. 实例分析

当 $Q_0 = 1314$ 时，根据式（3.7），得私营部门能接受的最小特许期：

$$T_m = \frac{1}{\delta}\ln\left(\frac{\dfrac{PQ}{\lambda\delta} - \dfrac{\beta_1}{\beta_1 - 1}\dfrac{kC^{-a}}{\rho}}{\dfrac{PQ}{\lambda\delta} - \dfrac{\beta_1}{\beta_1 - 1}\dfrac{kC^{-a}}{\rho} - \dfrac{\beta_1}{\beta_1 - 1}C_2}\right) = 20.1$$

当 $Q_0 = 1314$ 时，根据式（3.13），得公共部门能接受的最大特许期：

$$T_M = \frac{1}{\delta}\ln\left[\frac{\dfrac{PQ}{\lambda\delta} - \dfrac{\beta_1}{\beta_1 - 1}\dfrac{kC^{-a}}{\rho}}{\dfrac{\beta_1}{\beta_1 - 1}\left(C_1 + \dfrac{\chi}{\rho}\right)}\right] = 36.6$$

综上，当初始收入 $Q_0 = 1314$ 时，公共部门与私营部门投资高速公路 BOT 项目时特许期的可行区间是：$20.1 \leq T \leq 36.6$。显然，双方签订的特许期 $T = 30$ 属于特许期的可行域。

3. 在给定项目基本数据的情况下，求解特许期的 Stackelberg 均衡解

假定公共部门和私营部门按照如下规则进行特许期的决策：首先，私营部门在公共部门给定的特许期 T 来决策其最优投资时机，其次，公共部门在给定私营部门最优反应的情况下决策其特许期使得其项目价值最大。结合项目基本数据，由式（3.22）得

$$T_S^* = \frac{1}{\delta}\ln\left[\frac{\frac{2}{\beta_1 - 1}\frac{kC^{-a}}{\rho}}{C_1 + \frac{\beta_1}{\beta_1 - 1}C_2 + \frac{\chi}{\rho} + \frac{2}{\beta_1 - 1}\frac{kC^{-a}}{\rho} - \sqrt{\left(C_1 + \frac{\beta_1}{\beta_1 - 1}C_2 + \frac{\chi}{\rho}\right)^2 + 4\frac{C_2}{\beta_1 - 1}\frac{kC^{-a}}{\rho}}}\right]$$

$= 16.4$

由以上计算可知，在给定上述项目基本参数的情况下，特许期的 Stackelberg 均衡解 T_S^* 为 16.4 年。

4. 在特许期 T_S^* 给定的情况下，求解私营部门投资 BOT 项目的最优投资时机

私营部门投资高速公路 BOT 项目可以获得一个在未来某一时刻以预先谈判价格投资价值波动的 BOT 项目的权利，其执行价格为其在高速公路 BOT 项目建设期间所需的投资额 C_2，根据不确定条件下不可逆的投资理论，私营部门作出何时投资的决策也就是何时执行这一权利。在给定特许期 $T_S^* = 16.4$ 的情况下，根据式（3.16），得

$$Q_\pi = \frac{\lambda\delta}{P}\frac{\beta_1}{\beta_1 - 1}(1 - e^{-\delta T})^{-1}\left[C_2 + \frac{kC^{-a}}{\rho}(1 - e^{-\delta T})\right] = 1474$$

即在特许期 $T_S^* = 16.4$ 时，私营部门的最优投资时机是 $Q = Q_\pi = 1474$，当预期交通 $Q \geq 1474$ 时，公共部门和私营部门投资该高速公路 BOT 项目。

由以上分析可知，公共部门与私营部门在项目初期交通量 $Q_0 = 1314$ 时投资该高速公路 BOT 项目，公共部门能接受的最大特许期 T_M 为 36.6，私营部门能接受的最小特许期 T_m 为 20.1，即 BOT 项目特许期的可行域为 (20.1, 36.6)，因此经双方谈判确定的特许期 T 为 30 年是合理的。但是，

若公共部门和私营部门在特许期的谈判过程中,按照本书所述的Stackelberg博弈规则定价,根据本书所构建的特许期的Stackelberg模型分析可知,$Q_0 = 1314$并不是双方投资该BOT项目的最优投资时机,该项目的最优投资时机Q_π应该为1474,并且此时特许期的Stackelberg博弈均衡解T_S^*为16.4。

5. 数值分析

为了进一步分析均衡解的性质,下面在其他参数不变的情况下,分析不确定性对BOT项目投资阈值、私营部门投资额对特许期的Stackelberg均衡解的影响,其中$\sigma \in (0, 0.2)$。

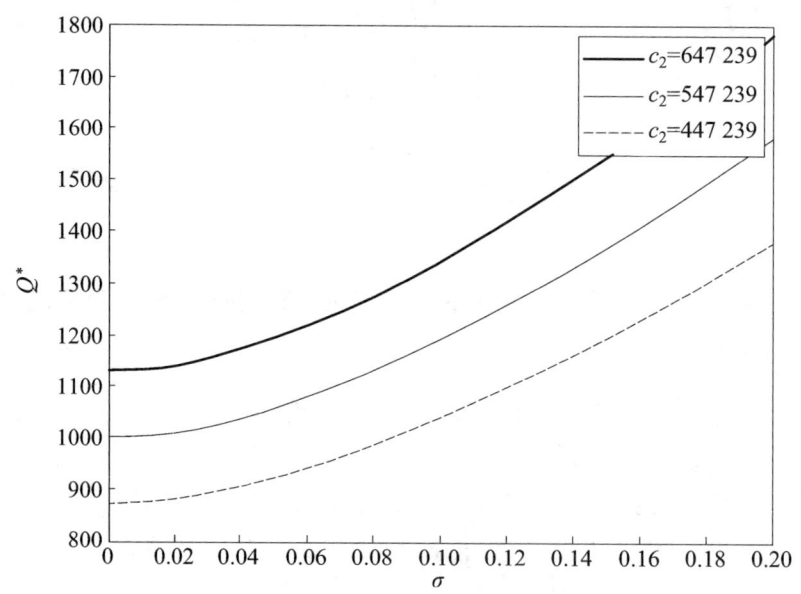

图3.1 不确定性对BOT项目最优投资时机的影响

图3.1表示,在私营部门投资额C_2一定的情况下,随着波动率σ的增大,交通BOT项目的投资临界值随之增大。在波动率σ一定的情况下,随着私营部门投资额C_2的增大,交通BOT项目的投资临界值也随之增大。性质3.1得证。

图3.2表示,在私营部门投资额C_2一定的情况下,BOT项目特许期的Stackelberg博弈均衡解T_S^*随着波动率的增大而减小。

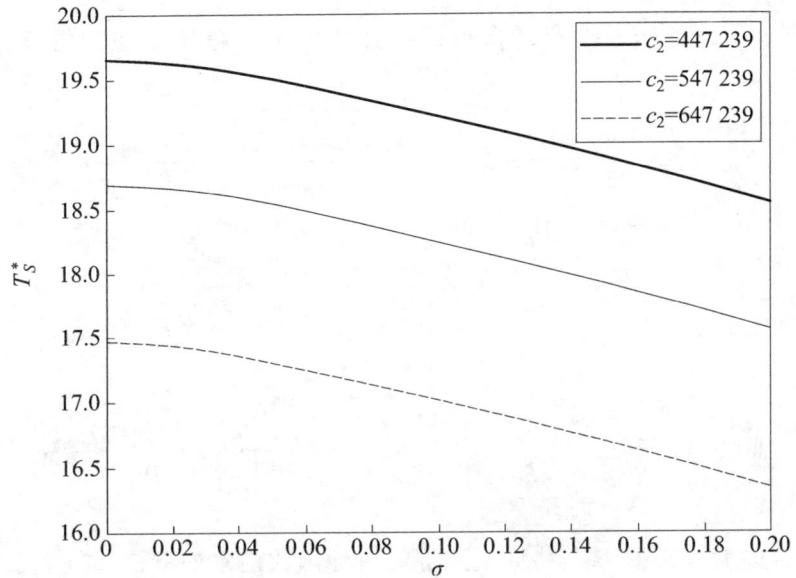

图 3.2　不确定性对 BOT 项目特许期的 Stackelberg 博弈均衡解的影响

3.4　特许期的 Nash 协商均衡解

3.4.1　特许期的 Nash 协商模型

在高速公路 BOT 项目实践中，特许期的谈判过程中，公共部门并不总是具有完全的定价权，因此，对公共部门与私营部门来说，特许期的决策实际上是双方博弈的过程，但是即使双方认知完全相同，双方还必须进行讨价还价博弈的过程，最后确定合理的特许期，从而使得政府与私营投资者均能从交通 BOT 项目中得到合理的收益。基于项目参与方具有不同的利益动机，本节采用双边议价机制来解决特许期的决策问题。对于多人协商问题，Nash 曾经提出多人协商对策的谈判模型，并给出了著名的 Nash 均衡解（Nash，1951）。在 Nash 协商模型的基础上，Harsanyi 和 Selten 引入了谈判能力参数，提出了不对称 Nash 谈判模型，进一步拓展了其应用范围（Harsanyi 和 Selten，1972）。在特许期的 Nash 协商模型的构建中，为便于分析，这里令 $Y = \dfrac{PQ}{\lambda}$。

在 Nash 协商过程中，私营部门和公共部门首先要确定各自的谈判起点，这里分别以式(3.5)和式(3.12)作为谈判起点，任何大于 $\dfrac{Y_\pi}{\delta}(1 - e^{-\delta T})$ 的

$\frac{Y}{\delta}(1-e^{-\delta T})$ 对私人投资者来说，均会产生一个超额收益，用 $W_\pi(T)$ 表示，则：

$$W_\pi(T) = \frac{Y}{\delta}(1-e^{-\delta T}) - \frac{Y_\pi}{\delta}(1-e^{-\delta T}) = \frac{Y}{\delta}(1-e^{-\delta T}) - \frac{\beta_1}{\beta_1-1}\left[C_2 + \frac{kC^{-a}}{\rho}(1-e^{-\delta T})\right] \quad (3.23)$$

任何大于 $\frac{Y_P}{\delta}e^{-\delta T}$ 的 $\frac{Y}{\delta}e^{-\delta T}$ 值对政府来说，均会产生一个超额收益，用 $W_P(T)$ 表示，则：

$$W_P(T) = \frac{Y}{\delta}e^{-\delta T} - \frac{Y_P}{\delta}e^{-\delta T} = \frac{Y}{\delta}e^{-\delta T} - \frac{\beta_1}{\beta_1-1}\left(C_1 + \frac{\chi}{\rho} + \frac{kC^{-a}}{\rho}e^{-\delta T}\right) \quad (3.24)$$

综合以上分析，Nash 协商模式下的目标函数构建如下：

$$\max \quad W_1 = \max\{[W_P(T)]^\omega \cdot [W_\pi(T)]^{1-\omega}\}$$

$$\text{s.t.} \begin{cases} Y \geq Y_P \\ Y \geq Y_\pi \end{cases} \quad (3.25)$$

式中：$\omega \in (0,1)$，表示公共部门的谈判能力；而 $1-\omega \in (0,1)$，则表示私营部门的谈判能力。谈判能力 ω 指公共部门对特许期决策的影响程度。这种程度的大小主要取决于政府风险分担大小及项目建设的紧迫性等。由于在交通 BOT 项目特许权协议的签订过程中，政府具有主导地位，因而进一步设 ω 满足的条件为 $0.5 \leq \omega \leq 1$。

通过求解式（3.25），可得

$$T^* = \frac{1}{\delta}\ln\left[\frac{\frac{PQ}{\lambda\delta} - \frac{\beta_1}{\beta_1-1}\frac{kC^{-a}}{\rho}}{\omega\left(\frac{PQ}{\lambda\delta} - \frac{\beta_1}{\beta_1-1}C_2 - \frac{\beta_1}{\beta_1-1}\frac{kC^{-a}}{\rho}\right) + (1-\omega)\frac{\beta_1}{\beta_1-1}\left(C_1 + \frac{\chi}{\rho}\right)}\right] \quad (3.26)$$

至此，我们根据协商理论研究了交通 BOT 项目特许期的决策问题。从式（3.26）可以看到，与特许期的 Nash 协商均衡解有关的参数有建设成本、运营成本、政府前期为项目花费的成本及政府财政补贴、交通量预期增长率及其波动程度、无风险利率、推迟投资的机会成本、政府的谈判能力、收费收入占运营收入的比例等，这些参数直接关系到特许期的决策。在现实生活中，在公共部门与私营部门决策 BOT 项目特许期时，通过调查研究，在上述项目基本参数可知的情况，我们可以方便地决策出特许期的 Nash 协商均衡解。

3.4.2 均衡解的性质

性质 3.3：当 $\omega < \dfrac{C_1 + \chi/\rho}{C_1 + C_2 + \chi/\rho}$ 时，$\dfrac{\partial T^*}{\partial \sigma} < 0$，说明在其他参数不变的情况下，BOT 项目特许期的 Nash 均衡解 T^* 随着波动率的增大而减小；当 $\omega > \dfrac{C_1 + \chi/\rho}{C_1 + C_2 + \chi/\rho}$ 时，$\dfrac{\partial T^*}{\partial \sigma} > 0$，说明在其他参数不变的情况下，特许期的 Nash 均衡解 T^* 随着波动率的增大而增大。

证明 由式（3.26），得

$$\frac{\partial T^*}{\partial \sigma} = \frac{1}{\delta} \frac{\dfrac{PQ}{\lambda\delta}\dfrac{1}{\beta_1^2}\dfrac{\partial \beta_1}{\partial \sigma}\left[(1-\omega)\left(C_1 + \dfrac{\chi}{\rho}\right) - \omega C_2\right]}{\left(\dfrac{PQ}{\lambda\delta}\dfrac{\beta_1 - 1}{\beta_1} - \dfrac{kC^{-a}}{\rho}\right)\left[\omega\left(\dfrac{PQ}{\lambda\delta}\dfrac{\beta_1 - 1}{\beta_1} - C_2 - \dfrac{kC^{-a}}{\rho}\right) + (1-\omega)\left(C_1 + \dfrac{\chi}{\rho}\right)\right]}$$

而 $\dfrac{\partial \beta_1}{\partial \sigma} < 0$（具体证明参见 Dixit and Pindyck，1994）

故当 $\omega < \dfrac{C_1 + \chi/\rho}{C_1 + C_2 + \chi/\rho}$ 时，$\dfrac{\partial T^*}{\partial \sigma} < 0$；反之，$\dfrac{\partial T^*}{\partial \sigma} > 0$。

性质 3.4：$\partial T^*/\partial \omega < 0$ 说明在其他参数不变情况下，BOT 项目特许期的 Nash 均衡解 T^* 随着公共部门谈判能力的增大而减小。

证明 由式（3.26），得

$$\frac{\partial T^*}{\partial \omega} = -\frac{1}{\delta}\frac{\left(\dfrac{PQ}{\lambda\delta}\dfrac{\beta_1 - 1}{\beta_1} - C_2 - \dfrac{kC^{-a}}{\rho} - C_1 - \dfrac{\chi}{\rho}\right)}{\left[\omega\left(\dfrac{PQ}{\lambda\delta}\dfrac{\beta_1 - 1}{\beta_1} - C_2 - \dfrac{kC^{-a}}{\rho}\right) + (1-\omega)\left(C_1 + \dfrac{\chi}{\rho}\right)\right]} < 0$$

性质 3.4 表明了公共部门谈判能力对特许期的 Nash 均衡解的影响，即特许期的 Nash 均衡解随着公共部门谈判能力的增大而减小，这和现实情况是吻合的。

3.4.3 实例分析

这里我们继续使用 3.3.3 的实例来分析不确定收益下交通 BOT 项目特许期的 Nash 协商博弈决策问题。为方便问题分析，我们取公共部门的谈判能力 ω 为 0.7。

1. 数据采集

根据以上项目基本资料可知

$C = 727\,644$，$C_1 = 80\,405$，$C_2 = 647\,239$，$Q_0 = 3.6 \times 365 = 1314$，

$V(C) = kC^{-a} = 58 \times 78.629 = 4560.48$，$\alpha = 0.08$，$\sigma = 0.1$，

$P = 0.6 \times 78.629 = 47$，$\lambda = 0.75$，$\chi = 5000$

为了获得预期回报率 μ，可采用资本资产定价模型（CAPM）：

$$\mu = \rho + \beta(r_m - \rho)$$

式中：ρ 是无风险利率，r_m 是市场报酬率，β 是投资者的贝塔系数。根据我国 2011 年 4 月公布的最新存款利率 5.25%，取 $\rho = 6\%$；市场报酬（率）可以根据 1996 年到 2008 年上证股指收市数据 P_t 计算得出，即 $\ln(P_t/P_{t-1})$，这里的 P_t 和 P_{t-1} 是相邻两个交易日恒生股指的收市价；然后计算该数据序列的算术平均值并按照每年 365 天予以调整得到年报酬率，得 $r_m = 0.14$；中国铁建的贝塔系数根据其每日报酬对每日市场报酬即上证股指报酬回归获得，得 $\beta = 0.867$，故

$$\mu = \rho + \beta(r_m - \rho) = 0.13$$

2. 实例分析

当 $Q_0 = 1314$ 时，根据式（3.7），得私营部门能接受的最小特许期：

$$T_m = \frac{1}{\delta} \ln \left(\frac{\frac{PQ}{\lambda\delta} - \frac{\beta_1}{\beta_1 - 1} \frac{kC^{-a}}{\rho}}{\frac{PQ}{\lambda\delta} - \frac{\beta_1}{\beta_1 - 1} \frac{kC^{-a}}{\rho} - \frac{\beta_1}{\beta_1 - 1} C_2} \right) = 20.1$$

当 $Q_0 = 1314$ 时，根据式（3.13），得公共部门能接受的最大特许期：

$$T_M = \frac{1}{\delta} \ln \left[\frac{\frac{PQ}{\lambda\delta} - \frac{\beta_1}{\beta_1 - 1} \frac{kC^{-a}}{\rho}}{\frac{\beta_1}{\beta_1 - 1}\left(C_1 + \frac{\chi}{\rho}\right)} \right] = 36.6$$

综上，当初始收入 $Q_0 = 1314$ 时，公共部门与私营部门投资高速公路 BOT 项目时特许期的可行区间是：$20.1 \leq T \leq 36.6$。显然，双方签订的特许期 $T = 30$ 属于特许期的可行域。

当政府的谈判能力 $\omega = 0.7$ 时，根据式（3.26），可得

$$T^* = \frac{1}{\delta}\ln\left[\frac{\dfrac{PQ}{\lambda\delta} - \dfrac{\beta_1}{\beta_1-1}\dfrac{kC^{-a}}{\rho}}{\omega\left(\dfrac{PQ}{\lambda\delta} - \dfrac{\beta_1}{\beta_1-1}C_2 - \dfrac{\beta_1}{\beta_1-1}\dfrac{kC^{-a}}{\rho}\right) + (1-\omega)\dfrac{\beta_1}{\beta_1-1}\left(C_1 + \dfrac{\chi}{\rho}\right)}\right] = 23.8$$

由以上分析可知，公共部门和私营部门在初始交通量 $Q_0 = 1314$ 时，经双方谈判确定的特许期 T 为 30 年是合理的。但是，根据项目的基本参数，通过本书构建的特许期 Nash 协商决策模型可知，该项目的最优特许期 $T_N^* = 23.8$。

3．数值分析

为了进一步分析均衡解的性质，下面在其他参数不变的情况下，分析不确定性对 BOT 项目投资阈值，以及不确定性、公共部门谈判能力和私营部门投资比例对特许期的影响，其中 $\sigma \in (0, 0.2)$，$\omega \in (0, 1)$。

图 3.3 表示，公共部门能接受的最大特许期 T_M 随着波动率 σ 的增大而减小；私营部门能接受的最小特许期 T_m 随着波动率的增大而增大；特许期的 Nash 均衡解 T_N^* 随着波动率的增大而增大。

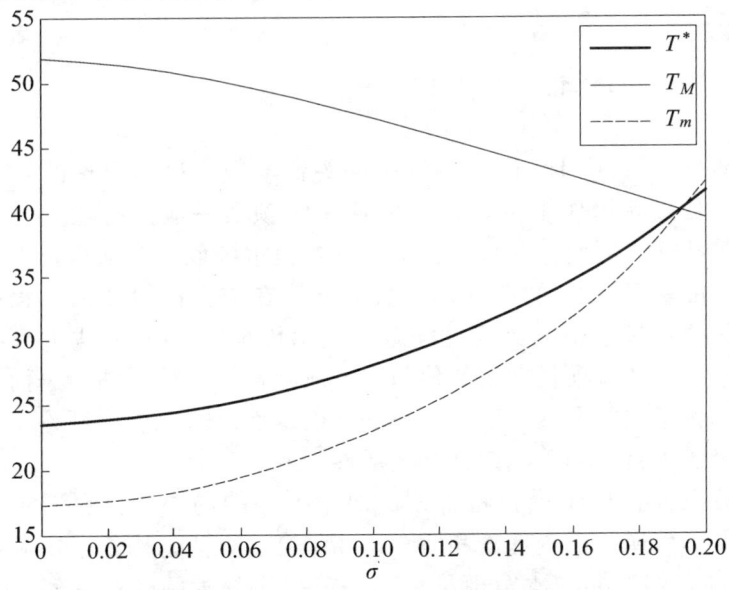

图 3.3　不确定性对 BOT 项目特许期的影响

图 3.4 表示，在私营部门投资额 C_2 一定的情况下，特许期的 Nash 均衡解 T_N^* 随着公共部门谈判能力的增大而减小。在公共部门谈判能力 ω 一定的情况下，特许期的 Nash 均衡解 T_N^* 随着私营部门投资额 C_2 的增大，即私营

部门的投资比例增大而增大。

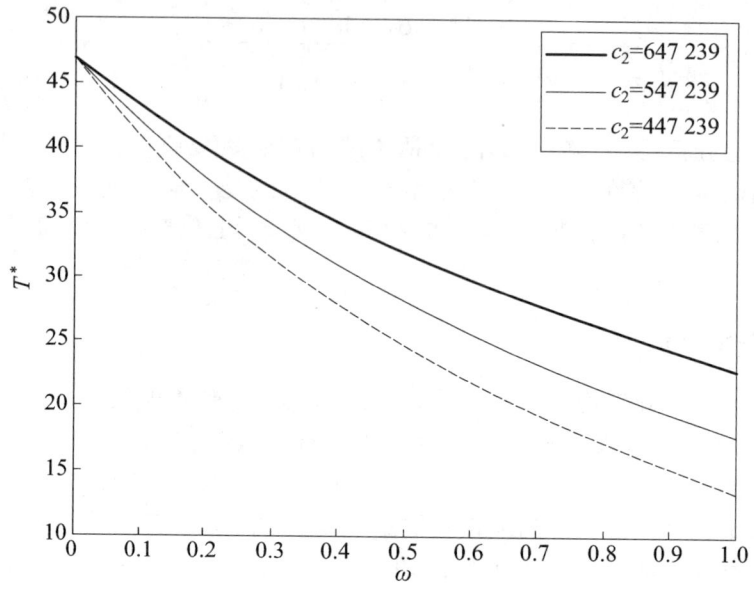

图 3.4　公共部门谈判能力对 BOT 项目 Nash 协商均衡解的影响

3.5　本章小结

特许期是 BOT 项目特许权协议中的关键参数,科学合理的特许期决策对于保障项目成功运作至关重要。交通 BOT 项目一般具有投资不可逆、收益不确定等特征,因此,在项目价值评估过程中应该考虑项目延迟期权的价值。而现有的基于 NPV 的特许期的决策方法在项目价值评估过程中,没有考虑到项目执行过程中的灵活性问题,应用传统的 NPV 方法进行项目投资评估和决策,会忽视项目期权的价值,造成项目价值被低估,进而导致决策失误。而实物期权的发展为衡量项目的不确定性价值提供了理论工具,较好地解决了投资项目中的不确定性和灵活性问题。

为突破现有的 BOT 项目特许期的决策方法的局限性,利用实物期权不确定条件下不可逆的投资理论和博弈论相结合的方法,构建了不确定收益下交通 BOT 项目特许期的决策模型,其决策程序分为两步:首先,依据项目预期现金流量,根据不确定条件下不可逆的投资理论,构建了公共部门/私营部门投资交通 BOT 项目的最优投资时机决策模型,得到特许期的可行域;其次,根据双方不同的策略行为,利用博弈论理论,分别构建了特许期的 Stackelberg 博弈模型和特许期的 Nash 协商模型,求解出模型的两个均衡解,最后通过实例对不确定收益下交通 BOT 项目特许期的决策模型进行了验证并进一步分析了均衡解的性质。

该研究不仅拓宽了实物期权不确定条件下不可逆的投资理论在 BOT 项目的应用范围，而且丰富了 BOT 项目特许期的决策方法，同时为公共部门和私营部门决策 BOT 项目特许期提供了一种新思路。

4 财务评价不可行 BOT 项目政府资本补偿数量决策研究

第 3 章以财务评价可行 BOT 项目为研究对象，根据实物期权和博弈论相结合的方法，研究了不确定收益下特许期的决策问题，但 BOT 模式很难直接应用到财务评价不可行的交通基础设施项目（叶苏东，2008）。为吸引社会资本参与城市轨道交通项目建设，政府需要提供补偿以满足私营部门的盈利性要求，目前，我国城市轨道交通 BOT 项目通常采用资本补偿 SBOT 模式进行项目运作，如北京地铁 4 号线、杭州地铁 1 号线、北京地铁 14 号线和高雄捷运等项目。

SBOT 项目的核心是特许权协议，政府资本补偿数量和特许期是 SBOT 项目特许权协议的两个关键参数，而且政府资本补偿数量的大小直接关系到特许期的大小，政府补偿数量的大小是确保财务评价不可行 BOT 项目成功运作的关键（Zheng 和 Tiong，2010），政府补偿数量过小则不足以吸引私营部门参与 BOT 项目建设，而政府补偿数量过大则会阻碍私营部门管理效率的提高（Mouraviev 等，2012）。因此，本章研究城市轨道交通 BOT 项目政府资本补偿数量的决策模型。

4.1 引言

轨道交通作为解决城市交通拥挤与排放问题的有效途径，成为我国城市基础设施建设和投资的重点领域。由于轨道交通项目投资规模大，传统的以政府公共资金为主导的投融资模式已不能完全满足我国城市基础设施建设发展的需要。利用社会资本进入基础设施领域最常用的方式是 BOT 模式，然而由于轨道交通项目造价高、运营成本高等特点，票款收入难以保障项目正常运作或不足以使得社会投资者获得合理回报，因此政府采用 BOT 模式运作轨道交通项目时需要对其进行补偿。BOT 具体运作模式如下：建设期公共部门负责城市轨道交通车站、隧道等土建设施、轨道以及电梯、给排水等机电设备的投资和建设；私营部门负责车辆、自动售检票系统、信号以及通信等机电设备的投资和建设；特许期内，公共部门通过资产租赁的形式把项目土建部分交由私营部门运营，通过向公共部门缴纳租金来获得项目土建工程部分的使用权；同时私营部门负责整个项目的运营和维护，回收投资成本并获得合理利润，特许期满之时，私营部门将整个项目无偿移交给公共部门。目前，在项目实践中，通常采用资本补偿，即 SBOT（Subsidize in Building, Operate and Transfer）模式来运作轨道交通项目，SBOT 是指公共部门通过对轨道交通项目进行资本补偿性投入来满足私营部门的盈利要求（蔡蔚，2007）。如北京地铁 4 号线、杭州地铁 1 号线、北京地铁 14 号线等均采用 SBOT 模式建设。

　　BOT 项目是公共部门和私营部门之间的一种长期合作关系，双方参与 BOT 项目的目的和动机是不同的，公共部门追求项目的社会效益，而私营部门则更加强调项目的财务经济效益。当项目社会经济评价可行而财务评价不可行时，为吸引私营部门参与 BOT 项目建设，政府通常会提供各种保证和补偿形式以满足私营部门的盈利性要求（Xenidis 和 Angelides，2005；Zhang，2005；Wibowo，2006；Kwak，2009）。在我国城市轨道交通项目实践中，政府通常会采用资本补偿模式来鼓励私营部门参与轨道交通 BOT 项目建设，如北京地铁 4 号线项目政府补偿比例为 70%，约 107 亿元，杭州地铁 1 号线项目政府补偿比例为 62.5%，约 138 亿元，高雄捷运项目政府补偿比例为 83.2%，约 1509 亿台币。现有文献对政府资本补偿下 BOT 项目研究还很少，Liou 等人针对财务评价不可行 BOT 项目政府初始建设资金补偿问题，从私营部门角度构建了 BOT 项目政府资本补偿数量决策模型，得到了政府最小资本补偿比例（Liou 等，2012）。叶苏东针对城市轨道交通 BOT 项目补偿机制问题，从私营部门角度构建了混合补偿（建设期补偿 + 运营期补偿）模式下政府资本补偿数量决策模型，并求解政府资本补偿数量（叶苏东，2012）。前述研究对财务评价不可行 BOT 项目政府补偿问题进行了探索性研究，取得了一定的研究成果，但是在研究中还存在以下不足：在模型构建中假定私营部门投资 BOT 项目的决策基准是特许期内净现值不小于零，而这一边界条件与私营部门投资 BOT 项目的决策准则不符，私营部门通常以特许期内净现值不小于投资总额与期望投资回报率的乘积作为其投资 BOT 项目的基准条件（Shen 等，2002；Shen 和 Wu，2005；Wu 等，2012；Hanaoka 和 Palapus，2012）；在贴现率的选择上，未考虑到私营部门自身资金结构对贴现率的影响；未考虑到公共部门投资 BOT 项目的基准条件，仅从私营部门角度对政府补偿问题进行了研究，缺乏全面地研究轨道交通 BOT 项目政府资本补偿问题。

基于此，本章在综合考虑轨道交通项目财务经济效益和社会效益的基础上，提出公共部门/私营部门投资轨道交通 BOT 项目的基准条件，采用加权平均资金成本作为私营部门的贴现率，构建了轨道交通 BOT 项目资本补偿数量决策模型，并求解出政府资本补偿的可行域。该研究为政府确定和决策城市轨道交通 BOT 项目资本补偿数量提供了系统的理论方法。

4.2 财务评价不可行 BOT 项目政府资本补偿决策机制

城市轨道交通作为一种绿色交通方式具有环保、节能、安全、快捷等特征，发展轨道交通能够降低社会环境成本、节约能源消耗、减少交通事故，有利于社会、经济与环境的协调发展（Li 和 Yin，2012；陈进杰，2011）。因此，研究城市轨道交通 BOT 项目资本补偿数量模型时应该既考虑项目的财务经济效益，还应考虑项目的社会效益。根据叶苏东（2008）的研究，按照"谁受益，谁补偿"的原则，政府在对轨道交通 BOT 项目作出补偿决策时应考虑的社会效益主要是指：与非轨道交通相比，轨道交通项目在噪音污染、空气污染、交通安全等方面所具有的优势。当轨道交通 BOT 项目对公共部门来说其社会经济评价可行，而私营部门的财务评价不可行，即项目的运营收入（主要是票价收入）不足以保障项目正常运作或不足以使社会投资者获得合理投资回报时，政府需要对城市轨道交通 BOT 项目进行资本补偿。

项目预期现金流是计算政府资本补偿数量的基础，在项目预期现金流可知的情况下，政府资本补偿数量是公共部门和私营部门谈判协商的重要条款之一，因为它关系到双方投资该项目的净现值大小，影响双方投资 BOT 项目的预期收益。如果双方在政府资本补偿数量上不能达成共识，则 BOT 项目将很难进入到实施阶段。在项目实践中，政府资本补偿决策过程如下：在项目可行性研究与招投标阶段，私营部门/公共部门首先根据项目预期现金流计算各自意愿的资本补偿比例，分别记为 λ_1、λ_2；如果资本补偿比例满足 $\lambda_1 \leq \lambda_2$，说明私营部门提出的资本补偿比例满足公共部门的要求，则最终确定政府资本补偿比例为 λ_1；如果资本补偿比例满足 $\lambda_1 \geq \lambda_2$，说明双方在政府资本补偿比例上不能达成共识，则公共部门/私营部门须调整各自意愿的资本补偿比例以满足双方的投资要求；如果项目现金流不能同时满足双方的投资要求，公共部门可考虑进一步修改项目信息，以增强项目预期现金流，比如提高票价或者增加轨道交通项目沿线/站内商业开发权来提高特许期内私营部门的现金流入，具体如图 4.1 所示。本章重点研究公共部门与私营部门双方均满意的资本补偿比例取值范围。

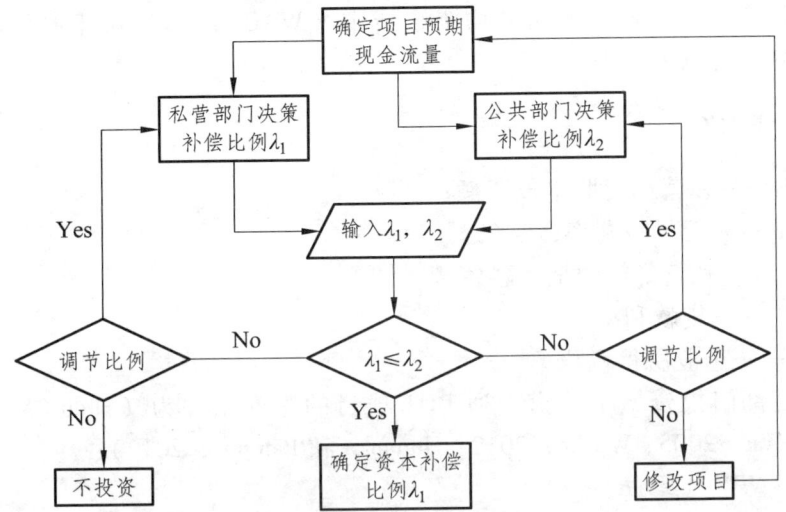

图 4.1　城市轨道交通 BOT 项目资本补偿决策过程

4.3　财务评价不可行 BOT 项目资本补偿数量研究

从私营部门角度考虑，政府资本补偿应保证轨道交通 BOT 项目在正常运作情况下特许期内的净现值能够达到其预期投资回报要求。假定城市轨道交通 BOT 项目建设总投资为 I，在项目建设初期一次性投入，其中政府资本补偿比例为 λ，则私营部门的初始资金投入为 $I_1 = (1-\lambda)I$。因此，私营部门投资城市轨道交通 BOT 项目的净现值由以下公式来确定：

$$NPV^{(1)} = \sum_{t=1}^{T} NPV_t - I_1 = \sum_{t=1}^{T} \frac{Y_t - M_t - R}{(1+r)^t} - I_1 \tag{4.1}$$

式中：$NPV^{(1)}$——私营部门特许期内的净现值；

NPV_t——第 t 年的净现值；

T——特许期；

I_1——私营部门的初始资金投入；

Y_t——第 t 年的收入；

M_t——第 t 年的运营成本（除租金外）；

R——特许期内私营部门向公共部门支付的租金；

r——贴现率。

贴现率 r 的确定是计算净现值的一个关键环节。通常情况下，私营部门投资轨道交通 BOT 项目的资金来源包括股本资金和债务资金，因此，在对项目进行评估时宜采用加权平均资金成本（WACC）作为新建项目的贴现率。WACC 可以表示为：

$$WACC = \frac{I_e R_f + I_l R_l (1-f)}{I_e + I_l} \tag{4.2}$$

式中：I_e——私营部门股本投资额；

R_f——无风险利率；

I_l——私营部门的债务融资额；

R_l——贷款利率；

f——企业所得税税率。

私营部门投资城市轨道交通 BOT 项目的基准条件为（Shen 等，2002；Shen 和 Wu，2005；Wu 等，2012；Hanaoka 和 Palapus，2012）：

$$NPV^{(1)} \geqslant I_c R_e \tag{4.3}$$

式中：R_e——私营部门的期望投资回报率；

I_c——私营部门在 BOT 项目的资金总投入，包括建设期投资和运营期投入。I_c 可以表示为：

$$I_c = (1-\lambda) I + \sum_{t=1}^{T} \frac{M_t + R}{(1 + WACC)^t} \tag{4.4}$$

根据式（4.1）~式（4.3），可得

$$\sum_{t=1}^{T} \frac{Y_t - M_t - R}{(1 + WACC)^t} \geqslant I_1 + I_c R_e \tag{4.5}$$

式（4.5）表示私营部门特许期内累计净现值不小于其建设期投资 I_1 和预期投资回报 $I_c R_e$ 的总和。

命题 4.1：当私营部门在特许期内的净现值 $NPV^{(1)} < I_c R_e$ 时，政府需要对城市轨道交通 BOT 项目进行补偿；如果政府采用资本补偿模式，则其补偿比例 λ 须满足：

$$\lambda \geqslant 1 - \frac{1}{(1+R_e)I}\left[\sum_{t=1}^{T} \frac{Y_t - (1+R_e)(M_t + R)}{(1 + WACC)^t}\right] \tag{4.6}$$

证明 由式（4.5）可知，私营部门投资城市轨道交通 BOT 项目的条件为：

$$\sum_{t=1}^{T} \frac{Y_t - M_t - R}{(1 + WACC)^t} - I_1 \geqslant I_c R_e \tag{4.7}$$

因为 $I_1 = (1-\lambda)I$，故式（4.7）可以化简为：

$$\sum_{t=1}^{T} \frac{Y_t - M_t - R}{(1 + WACC)^t} - (1 - \lambda)I \geq I_c R_e \quad (4.8)$$

根据式（4.4）和式（4.8），可得

$$\sum_{t=1}^{T} \frac{Y_t - M_t - R}{(1 + WACC)^t} - (1 - \lambda)I \geq R_e \left[(1 - \lambda)I + \sum_{t=1}^{T} \frac{M_t + R}{(1 + WACC)^t} \right]$$

$$(4.9)$$

经推导可得

$$\lambda \geq 1 - \frac{1}{(1 + R_e)I} \left[\sum_{t=1}^{T} \frac{Y_t - (1 + R_e)(M_t + R)}{(1 + WACC)^t} \right] \quad (4.10)$$

命题4.1 表明了从私营部门角度出发，政府补偿城市轨道交通 BOT 项目的判断条件为 $NPV^{(1)} < I_c R_e$。当私营部门净现值 $NPV^{(1)} < I_c R_e$ 时，私营部门所要求的政府资本补偿比例存在最小值 λ_{min} 且最小补偿比例可以表示为：

$$\lambda_{min} = 1 - \frac{1}{(1 + R_e)I} \left[\sum_{t=1}^{T} \frac{Y_t - (1 + R_e)(M_t + R)}{(1 + WACC)^t} \right] \quad (4.11)$$

从公共部门角度出发，政府投资城市轨道交通 BOT 项目的基准条件为 $NPV^{(2)} \geq 0$。考虑到城市轨道交通项目的正外部性，这里的净现值计算应该不仅包括项目的财务经济效益还应包括项目的社会效益。这里的社会效益主要是指与非轨道交通相比，城市轨道交通项目在环境和交通事故损失方面减少的社会成本，记为 G_t，可以表示为：

$$G_t = \sum C_i \times L \times Q(t) \quad (4.12)$$

式中：C_i——项目比非轨道交通项目相比减少的社会成本，C_i 的具体取值参考表4.5；

$Q(t)$——第 t 年由非轨道交通转移到城市轨道交通项目的客流量；

L——旅客平均运距。

因此，公共部门投资轨道交通 SBOT 项目的净现值可以表述为：

$$NPV^{(2)} = \sum_{t=1}^{n} NPV - I_2$$
$$= \sum_{t=1}^{T} \frac{R}{(1+r)^t} + \sum_{t=T+1}^{n} \frac{Y_t - M_t}{(1+r)^t} + \sum_{t=1}^{n} \frac{G_t}{(1+r)^t} - I_2$$

$$(4.13)$$

式中：n——项目的使用年限，单位为年；

I_2——政府资本补偿数量，$I_2 = \lambda I$；

r——贴现率。

根据 Shen 等人的研究，公共部门的贴现率应该同时考虑银行的贷款利率和通货膨胀率（Shen 等，2002），因此，其计算公式可以表示为：

$$r = \frac{1+i}{1+I_{nf}} - 1 \tag{4.14}$$

式中：I_{nf}——通货膨胀率；

i——银行贷款利率；

其他参数的定义同公式（4.1）。

公共部门投资城市轨道交通 SBOT 项目的基准条件为：

$$NPV^{(2)} \geq 0 \tag{4.15}$$

根据式（4.13）、（4.15），可得

$$\sum_{t=1}^{T} \frac{R}{(1+r)^t} + \sum_{t=T+1}^{n} \frac{Y_t - M_t}{(1+r)^t} + \sum_{t=1}^{n} \frac{G_t}{(1+r)^t} \geq I_2 \tag{4.16}$$

式（4.16）表示在项目的全寿命周期内，公共部门的累计净现值（包括经济效益和社会效益）至少等于其在项目建设初期的资金投入 I_2。

命题 4.2：政府投资城市轨道交通 BOT 项目基准条件为：$NPV^{(2)} \geq 0$，而且为了吸引私营部门参与城市轨道交通 SBOT 项目建设，政府资本补偿比例 λ 须满足：

$$\lambda \leq \frac{1}{I}\left[\sum_{t=1}^{T} \frac{R}{(1+r)^t} + \sum_{t=T+1}^{n} \frac{Y_t - M_t}{(1+r)^t} + \sum_{t=1}^{n} \frac{G_t}{(1+r)^t}\right] \tag{4.17}$$

证明 将 $I_2 = \lambda I$ 带入式（4.16），可得

$$\sum_{t=1}^{T} \frac{R}{(1+r)^t} + \sum_{t=T+1}^{n} \frac{Y_t - M_t}{(1+r)^t} + \sum_{t=1}^{n} \frac{G_t}{(1+r)^t} \geq \lambda I \tag{4.18}$$

将式（4.18）化简，可得

$$\lambda \leq \frac{1}{I}\left[\sum_{t=1}^{T} \frac{R}{(1+r)^t} + \sum_{t=T+1}^{n} \frac{Y_t - M_t}{(1+r)^t} + \sum_{t=1}^{n} \frac{G_t}{(1+r)^t}\right] \tag{4.19}$$

命题 4.2 表明政府投资城市轨道交通 BOT 项目的基准条件，而且当基准条件满足时，为吸引私营部门投资城市轨道交通 BOT 项目政府资本补偿比例 λ 存在最大值 λ_{max}，并且最大补偿比例 λ_{max} 可以表示为：

$$\lambda_{max} = \frac{1}{I}\left[\sum_{t=1}^{T} \frac{R}{(1+r)^t} + \sum_{t=T+1}^{n} \frac{Y_t - M_t}{(1+r)^t} + \sum_{t=1}^{n} \frac{G_t}{(1+r)^t}\right] \tag{4.20}$$

城市轨道交通 BOT 项目的主要参与方是公共部门与私营部门两方，BOT 项目实施必须同时满足双方投资轨道交通 BOT 项目的基准条件，即私营部门的净现值满足：$NPV^{(1)} \geq I_c R_e$；公共部门的净现值满足：$NPV^{(2)} \geq 0$，由

此可得命题 4.3。

命题 4.3：当净现值同时满足 $NPV^{(1)} \geq I_e R_e$，$NPV^{(2)} \geq 0$ 时，双方均愿意投资城市轨道交通 SBOT 项目，此时政府资本补偿比例 λ 的可行区间为：

$$1 - \frac{1}{(1+R_e)I} \left[\sum_{t=1}^{T} \frac{Y_t - (1+R_e)(M_t + R)}{(1+WACC)^t} \right] \leq \lambda \leq$$

$$\frac{1}{I} \left[\sum_{t=1}^{T} \frac{R}{(1+r)^t} + \sum_{t=T+1}^{n} \frac{Y_t - M_t}{(1+r)^t} + \sum_{t=1}^{n} \frac{G_t}{(1+r)^t} \right] \quad (4.21)$$

证明从略。

4.4 算例分析

某市计划采用 BOT 模式吸引私营部门参与 M 号线轨道交通建设，项目线路全长 28.65 km，全程共设 24 个车站，其中 23 个车站为地下车站，项目建设期总投资 I 为 153 亿元，预计 2009 年 9 月正式投入使用，项目使用年限为 50 年，项目特许期内的客流预测和运营成本测算报告如表 4.1 和 4.2 所示，假定特许期期满后，项目的客流量趋于稳定，日客流量为 882 219 人次/日，运营成本以年均 5% 的比例增长。在 BOT 项目特许权协议中双方约定：票价为 3.91 元/人次。考虑到物价指数及人均收入增长等因素，票价每三年调整一次，每次涨幅 3%，特许期内私营部门支付给公共部门的租金为 4250 万元，特许期为 30 年。私营部门投资 BOT 项目的资金来源包括 1/3 的股本资金和 2/3 的债务资金，私营部门期望投资收益率 R_e 为 $(CI-CO)_t$，私营部门的所得税税率为 15%。

表 4.1 客流量预测

单位：人次/日

年份	日客流量	年份	日客流量	年份	日客流量
2010	588 000	2020	728 438	2030	816 712
2011	604 192	2021	732 137	2031	820 329
2012	626 438	2022	735 863	2032	823 918
2013	647 973	2023	739 616	2033	827 534
2014	686 329	2024	743 397	2034	884 000
2015	659 671	2025	751 671	2035	861 973
2016	688 575	2026	755 233	2036	883 726

续表

年份	日客流量	年份	日客流量	年份	日客流量
2017	692 164	2027	758 795	2037	883 781
2018	695 781	2028	822 767	2038	883 890
2019	699 425	2029	826 329	2039	882 219

表 4.2 运营成本测算结果

单位：万元

年份	运营成本	年份	运营成本	年份	运营成本
2010	53 658	2020	57 421	2030	51 735
2011	54 971	2021	56 418	2031	54 167
2012	56 362	2022	55 496	2032	56 572
2013	57 778	2023	54 594	2033	59 018
2014	59 277	2024	53 673	2034	60 795
2015	60 942	2025	53 708	2035	61 264
2016	60 024	2026	53 161	2036	62 583
2017	59 251	2027	52 671	2037	64 386
2018	58 473	2028	52 187	2038	66 394
2019	57 696	2029	51 853	2039	67 978

1. 数据处理

首先计算私营部门的贴现率，根据项目基本资料，可知私营部门初始资金投入中股本投资比例 $I_e/(I_e+I_l)=1/3$，债务融资比例 $I_l/(I_e+I_l)=2/3$，所得税 $f=15\%$。根据我国 2009 年公布的人民币五年期存款利率为 3.6%，五年期以上贷款利率为 5.94%，根据式（4.3）可得

$$WACC = 1/3 \times 3.6\% + 2/3 \times 5.94\% \times (1-15\%) = 4.57\%$$

其次计算公共部门的贴现率，通货膨胀率 I_{nf} 取 3.3%，根据式（4.14）得

$$r = \frac{1+5.94\%}{1+3.3\%} - 1 = 2.56\%$$

根据项目基本资料，票价收入为

$$Y_t = P_t \times 365 \times q_t$$

式中：P_t 表示项目第 t 年的票价，q_t 为第 t 年的日客流量，如 2010 年的票价收入为 $Y_1 = 3.91 \times 365 \times 588\,000 = 83\,916.42$（万元），依次计算可得 2010—2039 年特许期内私营部门的年收入，再将其按贴现率 $WACC = 4.57\%$ 折现到"0"时刻，其现值为表 4.3 的第二栏。采用相同的贴现率将 2010—2039 年的运营成本及租金折现到"0"时刻，可得特许期内各年运营成本及租金的现值，分别为表 4.3 的第三栏和第四栏。为方便计算，表 4.3 内的经济数据均为现值。

表 4.3 项目现金流

单位：万元

年份	票价收入	运营成本	租金
2010	80 249	51 314	3849
2011	78 855	50 272	3681
2012	87 321	49 291	3520
2013	79 712	48 321	3366
2014	80 741	47 408	3219
2015	74 213	46 609	3078
2016	76 286	43 901	2944
2017	73 332	41 442	2815
2018	70 494	39 110	2692
2019	69 725	36 904	2575
2020	69 444	35 123	2462
2021	66 746	33 001	2354
2022	66 107	31 044	2252
2023	63 541	29 205	2153
2024	61 074	27 438	2059
2025	60 800	26 274	1969
2026	58 419	24 870	1883
2027	56 129	23 564	1801
2028	60 000	22 327	1722

续表

年份	票价收入	运营成本	租金
2029	57 626	21 214	1647
2030	54 466	20 241	1575
2031	55 885	20 270	1506
2032	51 756	20 241	1440
2033	49 711	20 194	1337
2034	52 260	19 893	1317
2035	48 731	19 170	1259
2036	47 778	18 727	1204
2037	47 077	18 424	1152
2038	45 025	18 169	1101
2039	42 976	17 789	1053

城市轨道交通 SBOT 项目社会效益计算，引用 Li 和 Yin（2012）平均运程及客流量的数据，结合表 4.4（周翊民，2001；高咏玲等，2008），即可计算出项目第 β_e 年的社会效益，这里以公共汽车作为计算基准，因此，C_1 = 0.111 34 元/（人·km），C_2 = 0.0012 元/（人·km），如 2015 年的社会效益 $G_6 = \sum C_i \times L \times Q$（6）= 17 180 万元，具体计算结果如表 4.5 所示。

表 4.4 各种交通方式的单位社会成本

单位：元/（人·km）

交通方式	公共汽车	自行车	出租车	地铁	轻轨
自身成本	0.144	0.0105	0.393	0.375	0.125
占用道路成本	0.01	0.061	0.11	0	0
占用停车场成本	0.007 36	0.0526	0.0092	0	0
交通事故损失成本	0.0012	0.006	0.007	≈0	≈0
环境成本	0.121	0	0.175	0.009 66	0.0126
时间价值	0.867	1.079	0.325	0.325	0.325
合计	1.151	1.209	1.019	0.710	0.463

注：根据周翊民（2001）和高咏玲等（2008）的研究，表 4.4 的资料来源于中国铁道科学研究院李群仁研究员对北京市各种交通方式的调查与计算结果，该结论与欧洲铁路对铁路和公路两种运输方式社会成本的研究结论大致相仿。

表 4.5 项目的社会效益

单位：元/（人·km）

项目	2015	2020	2025	2030	2035	2039
平均运程（km）	6.34	6.54	6.62	6.39	6.22	6.15
客流量（万人次）	24 078	26 588	27 436	29 810	31 462	32 201
环境社会效益（万元）	16 997	19 360	20 222	21 209	21 788	22 049
交通安全社会效益（万元）	183	209	218	228	235	238
社会效益（万元）	17 180	19 569	20 440	21 437	22 023	22 287

2. 算例分析

由项目基本资料可知，私营部门期望投资收益率 $R_e = 15\%$，结合表 4.3 的数据，根据式（4.11），可得政府最小资本补偿比例 $\lambda_{\min}$：

$$\lambda_{\min} = 1 - \frac{1}{(1+R_e)I}\left[\sum_{t=1}^{T}\frac{Y_t - (1+R_e)(M_t + R)}{(1+WACC)^t}\right] = 0.56$$

从公共部门角度分析，经计算特许期内租金收入的累计现值为 88 246 万元，项目全寿命周期的社会效益为 1 131 688 万元，因此，根据式（4.20），政府的最大资本补偿比例为：

$$\lambda_{\max} = \frac{1}{I}\left[\sum_{t=1}^{T}\frac{R}{(1+r)^t} + \sum_{t=T+1}^{n}\frac{Y_t - M_t}{(1+r)^t} + \sum_{t=1}^{n}\frac{G_t}{(1+r)^t}\right] = 0.80$$

由以上计算可知，该轨道交通 SBOT 项目政府资本补偿比例的可行域为：$0.56 \leq \lambda \leq 0.80$，即对于任意 $\lambda \in (0.56, 0.80)$ 的资本补偿比例均能满足公共部门和私营部门投资城市轨道交通 SBOT 项目的投资要求。

4.5　本章小结

轨道交通作为解决城市交通拥挤与排放问题的有效途径，成为我国城市基础设施建设和投资的重点领域。城市轨道交通作为一种绿色交通方式，具有环保、节能、安全、快捷等特征，发展轨道交通能够降低社会环境成本、节约能源消耗、减少交通事故，有利于社会、经济与环境的协调发展，但是由于轨道交通项目造价高、运营成本高，票款收入难以保障项目正常运作或不足以使得社会投资者获得合理回报，因此，政府采用 BOT 模式运作轨道交通项目时需要对其进行补偿。目前，在项目实践中，通常采用资本补偿即

SBOT 模式来运作城市轨道交通项目。政府补偿数量过小则不足以吸引私营部门参与 SBOT 项目建设，而政府补偿数量过大则会阻碍私营部门管理效率的提高，因此，合理地确定城市轨道交通 BOT 项目资本补偿数量是确保财务评价不可行 BOT 项目成功运作的关键。

本章以城市轨道交通 BOT 项目为研究对象，提出了公共部门/私营部门投资轨道交通 BOT 项目的基准条件，构建了城市轨道交通 BOT 项目政府资本补偿数量决策模型，并求解出政府资本补偿比例的可行域。研究表明，当轨道交通 BOT 项目对公共部门来说社会评价可行，而对私营部门来说特许期内的净现值并不能满足其投资要求时，政府需要对轨道交通 BOT 项目进行补偿，当政府采用资本补偿模式时，通过本章构建的资本补偿数量决策模型可以得到政府资本补偿数量的可行域。该研究为城市轨道交通 BOT 项目资本补偿数量的确定和决策提供了系统的理论方法，具有一定的理论价值和实际应用价值。

5 政府资本补偿下 SBOT 项目特许期决策模型研究

政府资本补偿数量和特许期是城市轨道交通 SBOT 项目特许权协议的两个关键决策变量，政府资本补偿数量的大小直接关系到特许期的长短。为了确定合理的 SBOT 项目特许期以协调公共部门和私营部门之间的利益冲突，在第 3 章和第 4 章研究的基础上，借鉴第 3 章不确定收益下交通 BOT 项目特许期决策模型的分析框架，结合城市轨道交通 SBOT 项目的特点，在综合考虑项目经济效益和社会效益的基础上，本章研究了政府资本补偿一定条件下城市轨道交通 SBOT 项目的特许期决策模型。

特许期作为 SBOT 项目特许权协议的关键决策参数之一，对于城市轨道交通项目运作的成功与否至关重要。城市轨道交通 SBOT 项目特许期过短，私营部门将会制定较高的收费机制从而把部分风险转移给乘客，进而损害公众利益；而在项目经济寿命期一定的情况下，特许期过长会减少特许期期满后项目的运营期，进而损害公共部门的利益（Khanzadi 等，2012）。城市轨道交通项目投资一般具有投资成本部分或完全不可逆、预期收入的不确定、投资时机的可延迟性等特征（高咏玲，2008；唐文彬，2011），忽视项目延迟期权的价值，会造成项目价值被低估，进而导致特许期过长（Doan 和 Menyah，2013）。因此，研究不确定收益下城市轨道交通 SBOT 项目的特许期决策模型具有重要的理论和实践意义。

5.1 SBOT 模式描述及假设

5.1.1 问题描述

假设公共部门计划采用 SBOT 模式进行城市轨道交通项目融资。双方约定：

（1）代表政府的公共部门负责项目 A 部分的投资，其投资额为 I_1，私营部门负责 B 部分的投资，其投资额为 I_2。

(2) 公共部门不参与 SBOT 项目的运营，特许期内，公共部门把属于政府的项目 A 部分资产通过租赁的形式交由私营部门运营和维护，公共部门获得租金，一来回收投资成本，二来防止私营部门凭借其垄断地位获得超额收益。在特许期 T 内，政府允许私营部门向 SBOT 项目使用者收取费用，以便回收投资成本并获得合理利润。

(3) 在特许期内，公共部门与私营部门双方共担风险、共享收益。SBOT 项目运作模式具体如图 5.1 所示。

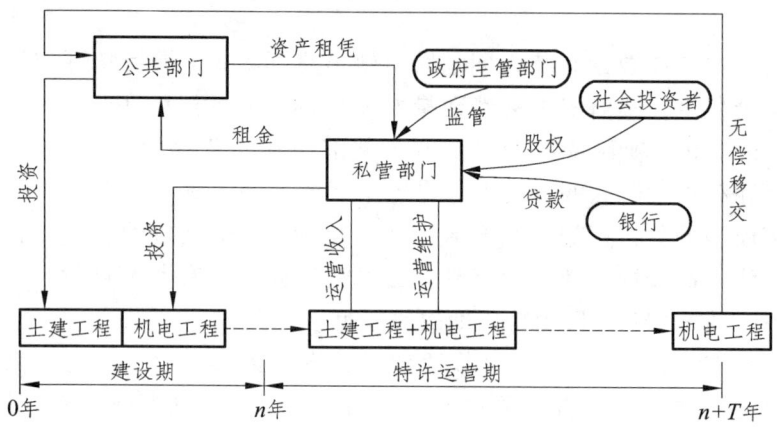

图 5.1 城市轨道交通 SBOT 项目运作模式

5.1.2 基本假设

本章在建模之前，提出以下基本假设：

假设 1：轨道交通 SBOT 项目的投资成本是部分或完全不可逆投资，且在项目建设初期（即"0"期）一次性投入。

假设 2：轨道交通项目客流量的增长因受到居民出行方式、公共交通服务水平以及经济发展情况稳定性因素的影响，同时也受到大型活动举办等随机因素的影响，故假定轨道交通 SBOT 项目客流量 Q 服从几何布朗运动（GBM）（高咏玲等，2008）：

$$dQ_t = \alpha Q_t dt + \sigma Q_t dz$$

其中，α 为常数，表示客流量的预期增长率；σ 也为常数，表示客流量的波动程度；dz 为维纳过程的增量，服从正态分布，其中 $E(dz) = 0$，$E(dz)^2 = dt$。

假设 3：轨道交通项目可缓解交通拥挤，具有减少空气和噪音污染、降低能源消耗和交通事故等的社会效益（陈进杰，2011；Li 和 Yin，2012；叶苏东，2012），用 G_t 来表示，根据"谁受益，谁补偿"原则，本书的社会效益主要是指与非轨道交通相比，轨道交通在空气污染、噪音污染和交通事故方面所具有正的外部效益（叶苏东，2012），$G_t = \sum C_i \times L \times Q_t$（高咏玲等，2008；Li 和 Yin，2012），其中 C_i 表示与非轨道交通相比，轨道交通项目减少的社会成本；Q_t 表示第 t 年的客流量；L 表示运输距离。

5.2 SBOT 项目特许期可行域分析

5.2.1 公共部门能接受的最大特许期

假定政府拟采用 SBOT 模式吸引私营部门参与某轨道交通项目的建设和运营，双方约定：公共部门负责项目土建工程部分的投资和建设，而项目的车辆、信号、自动售检票系统等机电设备部分则交由私营部门投资和建设，特许期内私营部门通过资产租赁形式获得项目土建工程部分的使用权，并通过运营整个项目来回收投资成本，特许期期满，私营部门将项目的机电工程部分无偿移交给公共部门，特许期期满后，公共部门负责整个项目的运营，并通过运营收益来保障整个项目的正常运作。根据实物期权经典的不可逆投资理论，项目投资主体可以获得一个在未来某一时刻以预先谈判价格投资项目价值波动的轨道交通 SBOT 项目的权利，其执行价格为投资主体的初始投资，如公共部门的执行价格为 I_1，这种投资机会被看作是美式看涨期权，投资者作出何时投资的决策即确定何时执行这一权利从而使得项目价值最大，这是一个连续时间的最优停止问题，即存在某个投资临界值 Q_P，当 $Q < Q_P$ 时，等待是最优的；当 $Q \geq Q_P$ 时，投资是最优的，相应的最优投资时机 Q_P 为 Q 首次达到 Q_P 的时刻，即 $T_P = \inf(\frac{t}{Q} \geq Q_P)$（Peskir 和 Shiryaev，2006）。在上述假设下，公共部门投资城市轨道交通 SBOT 项目的项目价值函数 $V_P(Q)$ 可以表述如下：

$$V_P(Q) = \sup E_Q \left[e^{-\rho\tau} \left(\int_\tau^{\tau+T} e^{-\rho(s-\tau)} R \mathrm{d}s + \int_{\tau+T}^\infty e^{-\rho(s-\tau)} (PQ_s/\lambda - vc) \mathrm{d}s + \int_\tau^\infty e^{-\rho(s-\tau)} G_s \mathrm{d}s - I_1 \right) \right] \tag{5.1}$$

式中：$V_P(Q)$ ——公共部门投资 SBOT 项目预期现金流量的期望值；

E ——期望；

ρ ——贴现率，并且 $\rho > \alpha$；

T ——特许期；

τ——随机进入时间；

R——租金；

λ——运营收入中票款收入所占的比例；

P——特许价格；

Q_t——第 t 年的客流量；

G_t——轨道交通项目第 t 年的社会效应；

vc——运营成本；

I_1——公共部门的投资额。

根据期权定价理论，公共部门的期权价值 $F(Q)$ 有如下方程：

$$\frac{1}{2}\sigma^2 Q^2 \frac{d^2 F}{dQ^2} + (\rho - \delta) Q \frac{dF}{dQ} - \rho F = 0 \tag{5.2}$$

该方程有解，其形式为：

$$F(Q) = A_1 Q^{\beta_1} + A_2 Q^{\beta_2}$$

其中 β_1，β_2 是特征方程 $\rho - \beta(\rho - \delta) - \frac{\beta}{2}(\beta - 1)\sigma^2 = 0$ 的根，且 $\beta_1 > 1$，$\beta_2 < 0$（具体证明见 Dixit 和 Pindyck，1994）。

由于 $F(0) = 0$，且 $\beta_2 < 0$，所以常数 $A_2 = 0$。可知，公共部门在 $t = T_P$ 时投资，其中 $T_P = \inf\left(\frac{t}{Y} \geq Y_P\right)$，其投资 SBOT 项目的项目价值 $V_P(Q)$ 可以表述为：

$$V_P(Q) = \begin{cases} \frac{R}{\rho}(1 - e^{-\delta T}) + \frac{Q}{\delta}\left(\frac{Pe^{-\delta T}}{\lambda} + L\sum C_i\right) - \frac{vc}{\rho}e^{-\delta T} - I_1, & Q \geq Q_P \\ \left(\frac{Q}{Q_P}\right)^{\beta_1}\left[\frac{R}{\rho}(1 - e^{-\delta T}) + \frac{Q_P}{\delta}\left(\frac{Pe^{-\delta T}}{\lambda} + L\sum C_i\right) - \frac{vc}{\rho}e^{-\delta T} - I_1\right], & Q < Q_P \end{cases} \tag{5.3}$$

根据项目初始条件，价值匹配（value matching）和平滑粘贴（smooth pasting）条件如下：

$$\left. \begin{aligned} &F(0) = 0 \\ &A_1(Q_P)^{\beta_1} = \frac{R}{\rho}(1 - e^{-\delta T}) + \frac{Q_P}{\delta}\left(\frac{Pe^{-\delta T}}{\lambda} + L\sum C_i\right) - \frac{vc}{\rho}e^{-\delta T} - I_1 \\ &\beta_1 A_1(Q_P)^{\beta_1 - 1} = \left(\frac{Pe^{-\delta T}}{\lambda} + L\sum C_i\right)/\delta \end{aligned} \right\} \tag{5.4}$$

可得出公共部门投资 SBOT 项目的投资临界值：

$$Q_P = \delta \frac{\beta_1}{\beta_1 - 1}\left[I_1 + \frac{vce^{-\delta T}}{\rho} - \frac{R(1 - e^{-\delta T})}{\rho}\right] \bigg/ \left(\frac{Pe^{-\delta T}}{\lambda} + L\sum C_i\right) \tag{5.5}$$

式中：$\delta = \rho - \alpha$；

$$\beta_1 = \frac{1}{2} - \frac{\rho - \delta}{\sigma^2} + \sqrt{\left(\frac{\rho - \delta}{\sigma^2} - \frac{1}{2}\right)^2 + \frac{2\rho}{\sigma^2}}。$$

命题 5.1：对于给定的特许期 T，公共部门投资轨道交通 SBOT 项目的阈值为 Q_P，当客流量 $Q \geq Q_P$ 时，公共部门愿意通过 SBOT 模式开发轨道交通项目。相反地，对于 $Q \geq Q_P$ 的 Q，存在公共部门能接受的最大特许期 T_M，并且

$$T_M = \frac{1}{\delta} \ln \left(\frac{\frac{PQ}{\lambda \delta} \frac{\beta_1 - 1}{\beta_1} - \frac{vc}{\rho} - \frac{R}{\rho}}{I_1 - \frac{R}{\rho} - \frac{LQ \sum C_i}{\delta} \frac{\beta_1 - 1}{\beta_1}} \right) \quad (5.6)$$

证明 由式（5.5）可知，当 $Q \geq Q_P$ 时，公共部门愿意通过 SBOT 模式开发城市轨道交通项目。而

$$Q \geq Q_P = \delta \frac{\beta_1}{\beta_1 - 1} \left[\frac{I_1 + vce^{-\delta T}}{\rho} - \frac{R(1 - e^{-\delta T})}{\rho} \right] \Big/ \left(\frac{Pe^{-\delta T}}{\lambda} + L \sum C_i \right)$$

经推导可得

$$T \leq \frac{1}{\delta} \ln \left(\frac{\frac{PQ}{\lambda \delta} \frac{\beta_1 - 1}{\beta_1} - \frac{vc}{\rho} - \frac{R}{\rho}}{I_1 - \frac{R}{\rho} - \frac{LQ \sum C_i}{\delta} \frac{\beta_1 - 1}{\beta_1}} \right)$$

5.2.2 私营部门能接受的最小特许期

假定私营部门愿意投资轨道交通 SBOT 项目，则其须负责项目机电部分的投资，其投资额为 I_2，在特许期内，私营部门不仅负责 SBOT 项目的运营，同时还得负责整个项目（包括土建工程和机电工程部分）的运营维护，并向公共部门缴纳租金以获得项目土建工程部分的使用权，则私营部门投资城市轨道交通 SBOT 项目的项目价值函数 $V_\pi(Q)$ 可以表述为：

$$V_\pi(Q) = \sup E_Q \Big[e^{-\rho \tau} \Big(\int_\tau^{\tau+T} e^{-\rho(s-\tau)} (1/\lambda) PQ_s \mathrm{d}s - \int_\tau^{\tau+T} e^{-\rho(s-\tau)} vc \mathrm{d}s - \int_\tau^{\tau+T} e^{-\rho(s-\tau)} R \mathrm{d}s - I_2 \Big) \Big] \quad (5.7)$$

式中：I_2 表示私营部门的投资额，其他参数定义同式（5.1）。

根据期权定价理论，私营部门期权价值 $f(Q)$ 是下面方程的解：

$$\frac{1}{2}\sigma^2 Q^2 \frac{d^2 f}{dQ^2} + (\rho - \delta)Q \frac{df}{dQ} - \rho f = 0 \tag{5.8}$$

经计算得，私营部门投资 SBOT 项目的项目价值 $V_\pi(Y)$ 可以表述为：

$$V_\pi(Q) = \begin{cases} \left(\dfrac{PQ}{\lambda\delta} - \dfrac{vc}{\rho} - \dfrac{R}{\rho}\right)(1 - e^{-\delta T}) - I_2, & Q \geq Q_\pi \\ \left(\dfrac{Q}{Q_\pi}\right)^{\beta_1} \left[\left(\dfrac{PQ_\pi}{\lambda\delta} - \dfrac{vc}{\rho} - \dfrac{R}{\rho}\right)(1 - e^{-\delta T}) - I_2\right], & Q < Q_\pi \end{cases} \tag{5.9}$$

根据初始条件，价值匹配（value matching）和平滑粘贴（smooth pasting）条件如下：

$$\left. \begin{aligned} f(0) &= 0 \\ A_1(Q_\pi)^{\beta_1} &= \left(\frac{PQ_\pi}{\lambda\delta} - \frac{vc}{\rho} - \frac{R}{\rho}\right)(1 - e^{-\delta T}) - I_2 \\ \beta_1 A_1(Q_\pi)^{\beta_1 - 1} &= \frac{P}{\lambda\delta}(1 - e^{-\delta T}) \end{aligned} \right\} \tag{5.10}$$

可得出私营部门投资城市轨道交通 SBOT 项目的临界值：

$$Q_\pi = \frac{\lambda\delta}{P(1 - e^{-\delta T})} \frac{\beta_1}{\beta_1 - 1} \left[I_2 + \frac{vc}{\rho}(1 - e^{-\delta T}) + \frac{R}{\rho}(1 - e^{-\delta T})\right] \tag{5.11}$$

命题 5.2：对于给定的特许期 T，私营部门投资轨道交通 SBOT 项目的阈值为 Q_π，当客流量 $Q \geq Q_\pi$ 时，私营部门愿意通过 SBOT 模式投资轨道交通项目。相反地，对于 $Q \geq Q_\pi$ 的 Q，存在私营部门能接受的最小特许期 T_m，并且

$$T_m = \frac{1}{\delta} \ln\left(\frac{\dfrac{PQ}{\lambda\delta}\dfrac{\beta_1 - 1}{\beta_1} - \dfrac{vc}{\rho} - \dfrac{R}{\rho}}{\dfrac{PQ}{\lambda\delta}\dfrac{\beta_1 - 1}{\beta_1} - \dfrac{vc}{\rho} - \dfrac{R}{\rho} - I_2}\right) \tag{5.12}$$

证明 由式（5.11）可知，当 $Q \geq Q_\pi$ 时，私营部门将投资开发城市轨道交通 SBOT 项目。由

$$Q \geq Q_\pi = \frac{\lambda\delta}{P(1 - e^{-\delta T})} \frac{\beta_1}{\beta_1 - 1}\left[I_2 + \frac{vc}{\rho}(1 - e^{-\delta T}) + \frac{R}{\rho}(1 - e^{-\delta T})\right]$$

经推导，可得

$$T \geq \frac{1}{\delta}\ln\left(\frac{\dfrac{PQ}{\lambda\delta}\dfrac{\beta_1 - 1}{\beta_1} - \dfrac{vc}{\rho} - \dfrac{R}{\rho}}{\dfrac{PQ}{\lambda\delta}\dfrac{\beta_1 - 1}{\beta_1} - \dfrac{vc}{\rho} - \dfrac{R}{\rho} - I_2}\right)$$

5.2.3 SBOT 项目特许期的可行域

通过以上分析可知，为了使公共部门和私营部门在轨道交通 SBOT 项目投资上达成一致，其客流量 Q 须同时满足公共部门和私营部门的投资条件，由（5.6）式和（5.12）式，得到命题 5.3。

命题 5.3：当 $Q \geqslant Q^* = \max\{Q_P, Q_\pi, Q_e\}$ 时，公共部门和私营部门均愿意通过 SBOT 模式共同投资轨道交通项目，并且此时特许期 T 的可行域可以表示为：

$$\left[\frac{1}{\delta}\ln\left(\frac{\frac{PQ}{\lambda\delta}\frac{\beta_1-1}{\beta_1}-\frac{vc}{\rho}-\frac{R}{\rho}}{\frac{PQ}{\lambda\delta}\frac{\beta_1-1}{\beta_1}-\frac{vc}{\rho}-\frac{R}{\rho}-I_2}\right), \frac{1}{\delta}\ln\left(\frac{\frac{PQ}{\lambda\delta}\frac{\beta_1-1}{\beta_1}-\frac{vc}{\rho}-\frac{R}{\rho}}{I_1-\frac{R}{\rho}-\frac{LQ\sum C_i}{\delta}\frac{\beta_1-1}{\beta_1}}\right)\right]$$

(5.13)

式中：$Q_e = \delta\dfrac{\beta_1}{\beta_1-1}\left(\dfrac{I_1+I_2+\dfrac{vc}{\rho}}{\dfrac{P}{\lambda}+L\sum C_i}\right)$。

证明 显而易见，要使（5.13）式有意义，须满足：

$$\frac{PQ}{\lambda\delta}\frac{\beta_1-1}{\beta_1}-\frac{vc}{\rho}-\frac{R}{\rho}-I_2 \geqslant I_1-\frac{R}{\rho}-\frac{LQ\sum C_i}{\delta}\frac{\beta_1-1}{\beta_1}$$

化简得

$$Q \geqslant \delta\frac{\beta_1}{\beta_1-1}\left(\frac{I_1+I_2+\frac{vc}{\rho}}{\frac{P}{\lambda}+L\sum C_i}\right)$$

由 5.2 部分的分析可知，在城市轨道交通 SBOT 项目的基本信息可知的情况下，根据式（5.13）可以方便地计算出特许期的可行域，为了进一步确定特许期的均衡解，考虑到公共部门和私营部门在特许期的谈判过程中不同的策略行为，在接下来的节 5.3 和节 5.4，我们将分别构建特许期的合作博弈模型和 Nash 协商模型来刻画双方的不同策略，求解得到特许期的合作博弈均衡解和 Nash 协商均衡解，并分别对均衡解的性质进行分析，最后通过算例对特许期的决策模型和均衡解的性质进行验证。

5.3 SBOT 项目特许期的合作博弈模型

5.3.1 特许期合作博弈模型

为了进一步分析特许期的合作均衡解，首先以公共部门与私营部门各自的扩展 NPV 函数作为其投资决策的目标函数，这里扩展 NPV 等于项目预期净现值与期权价值之差（Cruz 和 Marques，2013），以 S_1，S_2 分别表示公共部门、私营部门的扩展 NPV 函数。合作博弈以轨道交通 SBOT 项目的公共/私营部门各方利益之和最大化为决策目标，因此，模型可以描述如下。

根据式（5.3），可得公共部门的扩展 NPV 函数（S_1）：

$$S_1 = \frac{R}{\rho}(1 - e^{-\delta T}) + \frac{Q}{\delta}\left(\frac{Pe^{-\delta T}}{\lambda} + L\sum C_i\right) - \frac{vc}{\rho}e^{-\delta T} - I_1 -$$

$$\left(\frac{Q}{Q_P}\right)^{\beta_1}\left[\frac{R}{\rho}(1 - e^{-\delta T}) + \frac{Q_P}{\delta}\left(\frac{Pe^{-\delta T}}{\lambda} + L\sum C_i\right) - \frac{vc}{\rho}e^{-\delta T} - I_1\right] \quad (5.14)$$

同理，根据式（5.9），可得私营部门的扩展 NPV 函数（S_2）：

$$S_2 = \left(\frac{PQ}{\lambda\delta} - \frac{vc}{\rho} - \frac{R}{\rho}\right)(1 - e^{-\delta T}) - I_2 - \left(\frac{Q}{Q_\pi}\right)^{\beta_1}\left[\left(\frac{PQ_\pi}{\lambda\delta} - \frac{vc}{\rho} - \frac{R}{\rho}\right)(1 - e^{-\delta T}) - I_2\right]$$

$$(5.15)$$

假定公共部门与私营部门在投资轨道交通 SBOT 项目的合作中，以系统的整体利益最大化为目标来决策项目的特许期，则有

$$\max_T S = S_1 + S_2$$

$$= \frac{PQ}{\lambda\delta} - \frac{vc}{\rho} - I_1 - I_2 - \left(\frac{Q}{Q_\pi}\right)^{\beta_1}\left[\left(\frac{PQ_\pi}{\lambda\delta} - \frac{vc}{\rho} - \frac{R}{\rho}\right)(1 - e^{-\delta T}) - I_2\right] -$$

$$\left(\frac{Q}{Q_P}\right)^{\beta_1}\left[\frac{R}{\rho}(1 - e^{-\delta T}) + \frac{Q_P}{\delta}\left(\frac{Pe^{-\delta T}}{\lambda} + L\sum C_i\right) - \frac{vc}{\rho}e^{-\delta T} - I_1\right] \quad (5.16)$$

对 S 关于 T 求导，得

$$\frac{dS}{dT} = \delta e^{-\delta T}\left[\left(\frac{Q}{Q_P}\right)^{\beta_1}\left(\frac{PQ_P}{\lambda\delta} - \frac{vc}{\rho} - \frac{R}{\rho}\right) - \left(\frac{Q}{Q_\pi}\right)^{\beta_1}\left(\frac{PQ_\pi}{\lambda\delta} - \frac{vc}{\rho} - \frac{R}{\rho}\right)\right]$$

$$(5.17)$$

令 $dS/dT = 0$，得

$$T_C^* = \frac{1}{\delta}\ln\left[\frac{\frac{P}{\lambda}(I_1 + I_2) - \frac{vc}{\rho}L\sum C_i - \frac{R}{\rho}\left(\frac{P}{\lambda} + L\sum C_i\right)}{\frac{P}{\lambda}I_1 - I_2 L\sum C_i - \frac{vc}{\rho}L\sum C_i - \frac{R}{\rho}\left(\frac{P}{\lambda} + L\sum C_i\right)}\right]$$

$$(5.18)$$

从式（5.18）可知，轨道交通 SBOT 项目特许期的合作均衡解与以下参数有关：公共部门的投资额 I_1，私营部门的投资额 I_2，特许价格 P，运营成本 vc，贴现率 ρ，与非轨道交通相比，轨道交通项目减少的社会成本 C_i，运输距离 L 等。在项目实践中，当公共部门与私营部门合作投资轨道交通 SBOT 项目时，利用项目基本参数，根据式（5.18），可以方便地计算出 SBOT 项目特许期的合作均衡解。

5.3.2 均衡解的性质

性质 5.1：$\partial Q^*/\partial \sigma > 0$，说明在其他参数一定的情况下，轨道交通 SBOT 项目的投资阈值 Q^* 随着波动率 σ 的增大而增大。

证明 由式（5.5）、（5.11）和（5.13），得

$$\frac{\partial Q_P}{\partial \sigma} = \frac{-\delta \frac{1}{(\beta_1-1)^2} \frac{\partial \beta_1}{\partial \sigma} \left[I_1 + \frac{vce^{-\delta T}}{\rho} - \frac{R(1-e^{-\delta T})}{\rho}\right]}{\frac{Pe^{-\delta T}}{\lambda} + L\sum C_i}$$

$$\frac{\partial Q_\pi}{\partial \sigma} = -\frac{\lambda \delta}{P(1-e^{-\delta T})} \frac{1}{(\beta_1-1)^2} \frac{\partial \beta_1}{\partial \sigma} \left[I_2 + \frac{vc}{\rho}(1-e^{-\delta T}) + \frac{R}{\rho}(1-e^{-\delta T})\right]$$

$$\frac{\partial Q_e}{\partial \sigma} = -\delta \frac{1}{(\beta_1-1)^2} \frac{\partial \beta_1}{\partial \sigma} \left(\frac{I_1 + I_2 + \frac{vc}{\rho}}{\frac{P}{\lambda} + L\sum C_i}\right)$$

而 $\frac{\partial \beta_1}{\partial \sigma} < 0$（具体证明见 Dixit 和 Pindyck，1994）

即 $\frac{\partial Q_P}{\partial \sigma} > 0$，$\frac{\partial Q_\pi}{\partial \sigma} > 0$，$\frac{\partial Q_e}{\partial \sigma} > 0$

故 $\frac{\partial Q^*}{\partial \sigma} > 0$（证毕）

性质 5.1 表明了市场不确定性对 SBOT 项目投资临界值的影响，即随着城市轨道交通 SBOT 项目运营收入波动率的增大，其投资临界值随之增大，使得项目投资方的等待更有价值，项目投资方倾向于推迟投资。在项目实践中投资方进行城市轨道交通 SBOT 项目投资时，由于面临各种风险，如市场需求风险、政策变动风险等，这时投资方往往先投入成本进行项目可行性论证，推迟投资。

性质 5.2：$\partial T_C^*/\partial I_1 < 0$，说明在其他参数一定情况下，轨道交通 SBOT 项目特许期的合作均衡解 T^* 随着公共部门投资额的增大而减小。

证明 由式（5.18），得

$$\frac{\partial T_C^*}{\partial I_1} = -\frac{1}{\delta}\frac{P}{\lambda}\frac{I_2}{AB}\left(\frac{P}{\lambda} + L\sum C_i\right)$$

记 $A = \frac{P}{\lambda}(I_1 + I_2) - \frac{vc}{\rho}L\sum C_i - \frac{R}{\rho}\left(\frac{P}{\lambda} + L\sum C_i\right)$

$B = \frac{P}{\lambda}I_1 - I_2 L\sum C_i - \frac{vc}{\rho}L\sum C_i - \frac{R}{\rho}\left(\frac{P}{\lambda} + L\sum C_i\right)$

因此 $\frac{\partial T_C^*}{\partial I_1} < 0$（证毕）

性质 5.3：$\partial T_C^*/\partial R > 0$，说明在其他参数不变的情况下，轨道交通 SBOT 项目特许期的合作均衡解 T_C^* 随着租金的增大而增大。

证明 由式（5.18），得

$$\frac{\partial T_C^*}{\partial R} = \frac{1}{\delta}\frac{I_2/\rho}{(I_1 + I_2 - R/\rho - G/\rho)(I_1 - R/\rho - G/\rho)}$$

因此 $\frac{\partial T_C^*}{\partial R} > 0$（证毕）

性质 5.4：令 $g = L\sum C_i$，表示轨道交通项目的社会效应系数，则 $\frac{\partial T_C^*}{\partial g} > 0$，说明在其他参数不变情况下，轨道交通 SBOT 项目特许期的合作均衡解 T^* 随着社会效应系数的增大而增大。

证明 由式（5.18），得

$$\frac{\partial T_C^*}{\partial g} = \frac{1}{\delta}\frac{1}{AB}\frac{R\left(\frac{P}{\lambda} + L\sum C_i\right)I_2}{\rho}$$

其中 A，B 定义同上。

因此 $\frac{\partial T_C^*}{\partial g} > 0$（证毕）

性质 5.2 至性质 5.4 分别表明了公共部门投资额、租金以及轨道交通项目社会效益对特许期合作均衡解的影响，即轨道交通 SBOT 项目特许期合作均衡解随着公共部门投资额的增大而减小，随着租金的增大而增大，随着社会效益的增加而增大。这和项目实践是吻合的，即根据"风险共担、利益共享"的原则，项目投资主体的利益分配要与其所承担的风险相匹配。

5.3.3 算例研究

以城市轨道交通 SBOT 项目为例，验证特许期决策模型的可行性以及均衡解的性质。国内某市计划采用 SBOT 模式吸引私营部门参与城市轨道交通项目建设，双方约定：项目土建部分由公共部门负责投资建设，其投资额 I_1 为 107 亿元，项目设备部分由私营部门投资，其投资额 I_2 为 46 亿元，根据项目收益测算，预计项目运营初期日客流量 Q_0 为 98.63 万人次，预期年均增长率 α 为 0.05，通过对相关项目历史数据的极大似然估计，得到运营收入的波动率 σ 为 0.1。特许期内租金 R 为 0.42 亿元，特许价格 P 为 3 元，票款收入占运营收入的比重 λ 为 0.7，项目年均运营成本 vc 为 5.55 亿元，项目的社会效益系数 g 测定为 2.37，项目的贴现率 ρ 取 0.1。

根据项目基本参数，得

$$\delta = \rho - \alpha = 0.05$$

$$\beta_1 = \frac{1}{2} - \frac{\rho - \delta}{\sigma^2} + \sqrt{\left(\frac{\rho - \delta}{\sigma^2} - \frac{1}{2}\right)^2 + \frac{2\rho}{\sigma^2}} = 1.84$$

当 $Q = Q_0 = 98.63$ 时，根据式 (5.8)、(5.12) 和 (5.18)，得

$$T_M = \frac{1}{\delta} \ln \left(\frac{\frac{PQ}{\lambda \delta} \frac{\beta_1 - 1}{\beta_1} - \frac{vc}{\rho} - \frac{R}{\rho}}{I_1 - \frac{R}{\rho} - \frac{LQ \sum C_i}{\delta} \frac{\beta_1 - 1}{\beta_1}} \right) = 24$$

$$T_m = \frac{1}{\delta} \ln \left(\frac{\frac{PQ}{\lambda \delta} \frac{\beta_1 - 1}{\beta_1} - \frac{vc}{\rho} - \frac{R}{\rho}}{\frac{PQ}{\lambda \delta} \frac{\beta_1 - 1}{\beta_1} - \frac{vc}{\rho} - \frac{R}{\rho} - I_2} \right) = 17$$

$$T_C^* = \frac{1}{\delta} \ln \left[\frac{\frac{P}{\lambda}(I_1 + I_2) - \frac{vc}{\rho} L \sum C_i - \frac{R}{\rho}\left(\frac{P}{\lambda} + L \sum C_i\right)}{\frac{P}{\lambda} I_1 - I_2 L \sum C_i - \frac{vc}{\rho} L \sum C_i - \frac{R}{\rho}\left(\frac{P}{\lambda} + L \sum C_i\right)} \right] = 19$$

经上述计算可知，当 $Q = Q_0 = 98.63$ 时，SBOT 项目特许期可行域为 (17, 24)，特许期的合作均衡解 T_C^* 为 19 年。

当 $T = 19$ 时，根据式 (5.5)、(5.11) 和 (5.13)，可得

$$Q_P = \frac{\delta \frac{\beta_1}{\beta_1 - 1} \left[I_1 + \frac{vce^{-\delta T}}{\rho} - \frac{R(1 - e^{-\delta T})}{\rho} \right]}{\frac{Pe^{-\delta T}}{\lambda} + L \sum C_i} = 93.42$$

$$Q_\pi = \frac{\lambda \delta}{P(1 - e^{-\delta T})} \frac{\beta_1}{\beta_1 - 1} \left[I_2 + \frac{vc}{\rho}(1 - e^{-\delta T}) + \frac{R}{\rho}(1 - e^{-\delta T}) \right] = 93.97$$

$$Q_e = \delta \frac{\beta_1}{\beta_1 - 1} \left(\frac{I_1 + I_2 + \frac{vc}{\rho}}{\frac{P}{\lambda} + L \sum C_i} \right) = 93.70$$

故 $Q^* = \max\{Q_P, Q_\pi, Q_e\} = 93.97$

综合以上计算可知，公共部门与私营部门在预计项目初始运营收入 Q_0 为 98.63 时，进行轨道交通 SBOT 项目投资是可行的，此时特许期的可行域为 (17, 24)，特许期的合作均衡解是 T_C^* 为 19；并且当特许期为 19 时，SBOT 项目的投资临界值 Q^* 为 93.97 万人次/日。

为了进一步分析均衡解的性质，下面将在其他参数固定的情况下，分析不确定性对 SBOT 项目投资临界值的影响，以及公共部门的投资额、租金以及社会效应系数对特许期合作均衡解的影响，其中 $\sigma \in (0, 0.2)$，I_1，R 和 g 的变动幅度为 ±10%。

图 5.2 表示，在私营部门投资额 I_2 一定的情况下，随着客流量波动率 σ 的增大，城市轨道交通 SBOT 项目投资阈值随之增大。在波动率 σ 一定的情况下，随着私营部门投资额 I_2 的增大，SBOT 项目的投资阈值也随之增大，性质 5.1 得证。

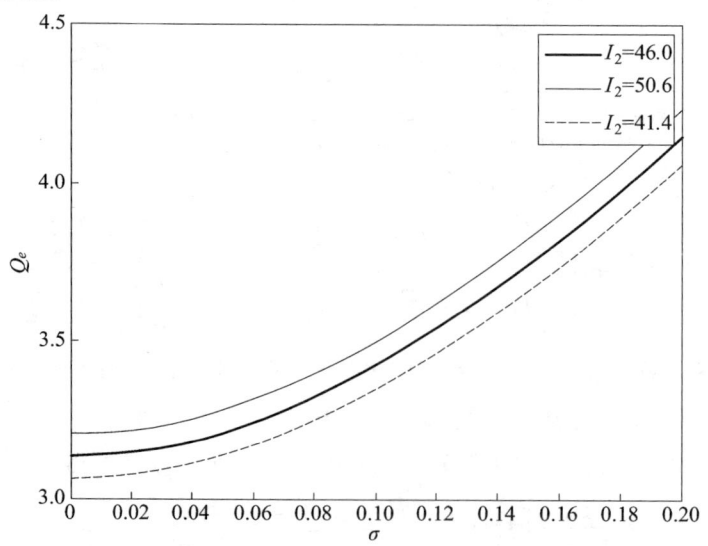

图 5.2 不确定性对 SBOT 项目投资临界值的影响

图 5.3 表示，公共部门能接受的最大特许期 T_M 随着波动率 σ 的增大而减小；私营部门能接受的最小特许期 T_m 随着波动率的增大而增大；而特许期的合作均衡解 T_C^* 与波动率的变化无关，这与 (5.18) 式的结论相一致。

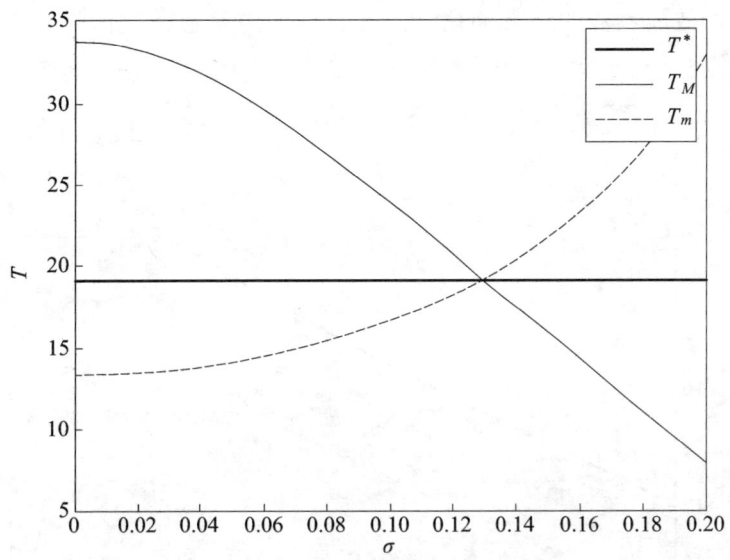

图 5.3 不确定性对 SBOT 项目特许期的影响

图 5.4 表示，在公共部门投资额 I_1 一定的情况下，特许期的合作均衡解 T_C^* 随着租金的增大而增大。在租金 R 一定的情况下，特许期的均衡解 T_C^* 随着公共部门投资额 I_1 的增大而减小，性质 5.2 和 5.3 得证。

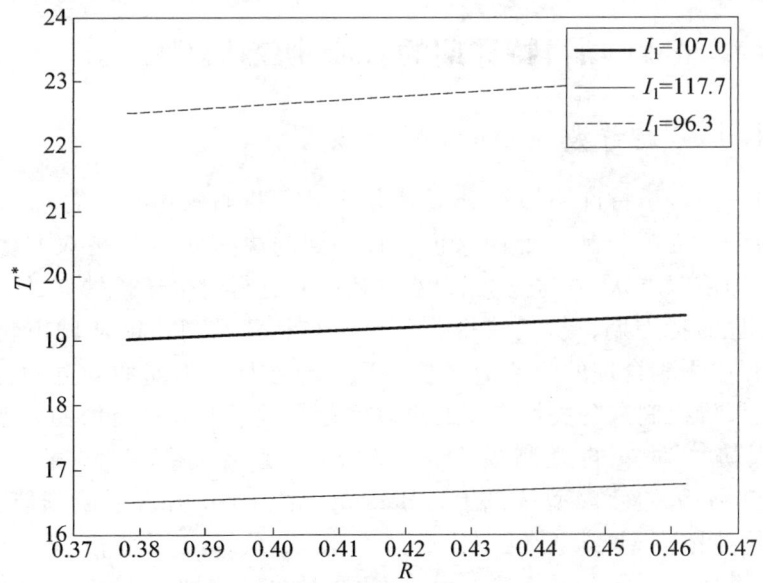

图 5.4 租金对 SBOT 项目特许期均衡解的影响

图 5.5 表示，在私营部门投资额 I_2 一定的情况下，特许期的合作均衡解

T^* 随着社会效应系数的增大而增大。在社会效应系数一定的情况下，特许期的合作均衡解 T^* 随着私营部门投资额 I_2 的增大而增大，性质 5.4 得证。

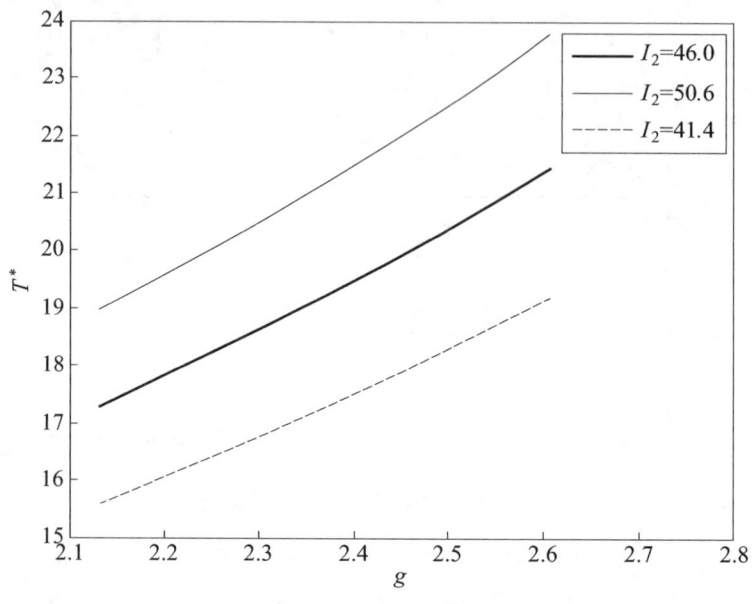

图 5.5　社会效益对 SBOT 项目特许期的影响

5.4　SBOT 项目特许期的 Nash 协商模型

5.4.1　特许期的 Nash 协商模型

为进一步分析特许期的 Nash 协商均衡解，我们构建特许期的 Nash 协商模型。对公共部门与私营部门来说，特许期的决策实际上是双方博弈的过程，但是即使双方认知完全相同，双方还必须进行讨价还价博弈的过程，最后确定合理的特许期，从而使得公共部门与私营部门均能从城市轨道交通 SBOT 项目中得到合理的收益。基于项目参与方具有不同的利益动机，本节采用双边议价机制来解决特许期的决策问题。对于多人利益协商问题，Nash 提出多人协商对策的谈判模型，并给出了著名的 Nash 均衡解（Nash，1951）。在 Nash 协商模型基础上，Harsanyi 和 Selten 引入了谈判能力参数，提出了不对称 Nash 谈判模型，进一步拓展了其应用范围（Harsanyi 和 Selten，1972）。下面在城市轨道交通 SBOT 项目特许期的 Nash 协商模型的构建中，为便于问题分析，这里令 $Y = \dfrac{PQ}{\lambda}$。

5 政府资本补偿下 SBOT 项目特许期决策模型研究

在 Nash 协商过程中，公共部门与私营部门首先要确定各自的谈判起点，这里以式（5.5）和式（5.11）作为谈判起点，任何大于 $\frac{Y_P}{\delta}e^{-\delta T}$ 的 $\frac{Y}{\delta}e^{-\delta T}$ 值对公共部门来说，均会产生一个超额收益，用 $W_P(T)$ 表示，即

$$W_P(T) = \frac{Y}{\delta}e^{-\delta T} - \frac{Y_P}{\delta}e^{-\delta T}$$

$$= \frac{Y}{\delta}e^{-\delta T} - \frac{\beta_1}{\beta_1 - 1}\left[I_1 + \frac{vc}{\rho}e^{-\delta T} - \frac{R}{\rho}(1 - e^{-\delta T})\right] + \frac{LQ_P \sum C_i}{\delta} \quad (5.19)$$

同理，任何大于 $\frac{Y_\pi}{\delta}(1 - e^{-\delta T})$ 的 $\frac{Y}{\delta}(1 - e^{-\delta T})$ 对私营部门来说，均会产生一个超额收益，用 $W_\pi(T)$ 表示，即

$$W_\pi(T) = \frac{Y}{\delta}(1 - e^{-\delta T}) - \frac{Y_\pi}{\delta}(1 - e^{-\delta T})$$

$$= \frac{Y}{\delta}(1 - e^{-\delta T}) - \frac{\beta_1}{\beta_1 - 1}\left[I_2 + \frac{vc}{\rho}(1 - e^{-\delta T}) + \frac{R}{\rho}(1 - e^{-\delta T})\right] \quad (5.20)$$

综合以上分析，Nash 协商模式下的目标函数构建如下：

$$\max W_1 = \max\{[W_P(T)]^\omega \cdot [W_\pi(T)]^{1-\omega}\}$$

$$\text{s.t.} \begin{cases} Y \geq Y_P \\ Y \geq Y_\pi \end{cases} \quad (5.21)$$

式中：$\omega \in (0, 1)$ 表示公共部门的谈判能力；而 $1 - \omega \in (0, 1)$ 表示私营部门的谈判能力。谈判能力 ω，指公共部门对特许期的决策影响程度。这种程度的大小主要取决于政府对风险的偏好及项目建设的紧迫性等。由于在城市轨道交通 SBOT 项目特许权协议的签订过程中，公共部门具有主导地位，因而进一步假设 ω 满足的条件为 $0.5 \leq \omega \leq 1$。

对 CF_t 关于 t 求导，得

$$\frac{dW_1}{dT} = [W_P(T)]^{\omega - 1}[W_\pi(T)]^{-\omega}\left[\omega W_\pi(T)\frac{dW_P(T)}{dT} + (1 - \omega)W_P(T)\frac{dW_\pi(T)}{dT}\right]$$

其中：
$$\frac{dW_P(T)}{dT} = -\delta e^{-\delta T}\frac{Y}{\delta} + \delta e^{-\delta T}\frac{\beta_1}{\beta_1 - 1}\frac{vc}{\rho} + \delta e^{-\delta T}\frac{\beta_1}{\beta_1 - 1}\frac{R}{\rho}$$

$$= -\delta e^{-\delta T}\left(\frac{Y}{\delta} - \frac{\beta_1}{\beta_1 - 1}\frac{vc}{\rho} - \frac{\beta_1}{\beta_1 - 1}\frac{R}{\rho}\right),$$

$$\frac{dW_\pi(T)}{dT} = \delta e^{-\delta T}\frac{Y}{\delta} - \delta e^{-\delta T}\frac{\beta_1}{\beta_1 - 1}\frac{vc}{\rho} - \delta e^{-\delta T}\frac{\beta_1}{\beta_1 - 1}\frac{R}{\rho}$$

$$= \delta e^{-\delta T}\left(\frac{Y}{\delta} - \frac{\beta_1}{\beta_1 - 1}\frac{vc}{\rho} - \frac{\beta_1}{\beta_1 - 1}\frac{R}{\rho}\right)$$

由以上分析可得

$$\frac{dW_1}{dT} = -\delta e^{-\delta T}\left(\frac{Y}{\delta} - \frac{\beta_1}{\beta_1-1}\frac{vc}{\rho} - \frac{\beta_1}{\beta_1-1}\frac{R}{\rho}\right)[\omega W_\pi(T) - (1-\omega)W_P(T)]$$

$$[W_P(T)]^{\omega-1}[W_\pi(T)]^{-\omega}$$

令 $\frac{dW_1}{dT} = 0$,得

$$\omega W_\pi(T) - (1-\omega)W_P(T) = 0$$

根据式（5.19）和式（5.20），化简得

$$T_N^* = \frac{1}{\delta}\ln\left[\frac{\frac{PQ}{\lambda\delta}\frac{\beta_1-1}{\beta_1} - \frac{vc}{\rho} - \frac{R}{\rho}}{\omega\left(\frac{PQ}{\lambda\delta}\frac{\beta_1-1}{\beta_1} - \frac{vc}{\rho} - \frac{R}{\rho} - I_2\right) + (1-\omega)\left(I_1 - \frac{R}{\rho} - \frac{LQ\sum C_i}{\delta}\frac{\beta_1-1}{\beta_1}\right)}\right]$$

(5.22)

从式（5.22）可以看出，与城市轨道交通 SBOT 项目特许期计算相关的参数有：项目总投资 I；公共部门的投资比例（I_1/I）；项目的初始运营收入 Y_0 及其增长率 α；不确定性 σ；运营成本 vc；贴现率 ρ；公共部门的谈判能力 ω；与非轨道交通相比，轨道交通项目减少的社会成本 C_i；运输距离 L 等。这些参数直接关系到城市轨道交通 SBOT 项目特许期的决策。在项目实践中，公共部门与私营部门根据上述项目基本参数可以方便地计算出城市轨道交通 SBOT 项目的特许期 Nash 均衡解。

5.4.2 均衡解的性质

性质 5.5：当 $\omega < \dfrac{\dfrac{PQ}{\lambda\delta}\left(I_1 - \dfrac{R}{\rho}\right) - \dfrac{LQ\sum C_i}{\delta}\left(\dfrac{vc}{\rho} + \dfrac{R}{\rho}\right)}{\dfrac{PQ}{\lambda\delta}\left(I_1 + I_2 - \dfrac{R}{\rho}\right) - \dfrac{LQ\sum C_i}{\delta}\left(\dfrac{vc}{\rho} + \dfrac{R}{\rho}\right)}$ 时，$\dfrac{\partial T_N^*}{\partial \sigma} < 0$，

说明在其他参数不变的情况下，SBOT 项目特许期 Nash 均衡解 T_N^* 随着波动率的增大而减小；当 $\omega > \dfrac{\dfrac{PQ}{\lambda\delta}\left(I_1 - \dfrac{R}{\rho}\right) - \dfrac{LQ\sum C_i}{\delta}\left(\dfrac{vc}{\rho} + \dfrac{R}{\rho}\right)}{\dfrac{PQ}{\lambda\delta}\left(I_1 + I_2 - \dfrac{R}{\rho}\right) - \dfrac{LQ\sum C_i}{\delta}\left(\dfrac{vc}{\rho} + \dfrac{R}{\rho}\right)}$ 时，$\dfrac{\partial T_N^*}{\partial \sigma} > 0$，

说明在其他参数不变的情况下，特许期 Nash 均衡解 r_k 随着波动率的增大而增大。

证明 令

$$U = \frac{PQ}{\lambda\delta}\frac{\beta_1 - 1}{\beta_1} - \frac{vc}{\rho} - \frac{R}{\rho}$$

$$V = \omega\left(\frac{PQ}{\lambda\delta}\frac{\beta_1 - 1}{\beta_1} - \frac{vc}{\rho} - \frac{R}{\rho} - I_2\right) + (1-\omega)\left(I_1 - \frac{R}{\rho} - \frac{LQ\sum C_i}{\delta}\frac{\beta_1 - 1}{\beta_1}\right)$$

根据式（5.22）可得

$$\frac{\partial T_N^*}{\partial \sigma} = \frac{\partial T_N^*}{\partial \beta_1}\frac{\partial \beta_1}{\partial \sigma} = \frac{1}{\delta}\frac{1}{UV}(U'V - UV')$$

$$U'V - UV' = \frac{1}{\beta_1^2}\left\{\frac{PQ}{\lambda\delta}\left[(1-\omega)I_1 - \omega I_2 - (1-\omega)\frac{R}{\rho}\right] - (1-\omega)\frac{LQ\sum C_i}{\delta}\left(\frac{vc}{\rho} + \frac{R}{\rho}\right)\right\}$$

令 $U'V - UV' > 0$，可得

$$\omega < \frac{\frac{PQ}{\lambda\delta}\left(I_1 - \frac{R}{\rho}\right) - \frac{LQ\sum C_i}{\delta}\left(\frac{vc}{\rho} + \frac{R}{\rho}\right)}{\frac{PQ}{\lambda\delta}\left(I_1 + I_2 - \frac{R}{\rho}\right) - \frac{LQ\sum C_i}{\delta}\left(\frac{vc}{\rho} + \frac{R}{\rho}\right)}$$

而 $\frac{\partial \beta_1}{\partial \sigma} < 0$（具体证明见 Dixit 和 Pindyck，1994）

故当 $\omega < \dfrac{\frac{PQ}{\lambda\delta}\left(I_1 - \frac{R}{\rho}\right) - \frac{LQ\sum C_i}{\delta}\left(\frac{vc}{\rho} + \frac{R}{\rho}\right)}{\frac{PQ}{\lambda\delta}\left(I_1 + I_2 - \frac{R}{\rho}\right) - \frac{LQ\sum C_i}{\delta}\left(\frac{vc}{\rho} + \frac{R}{\rho}\right)}$ 时，$\frac{\partial T_N^*}{\partial \sigma} < 0$。

同理可证，$\omega > \dfrac{\frac{PQ}{\lambda\delta}\left(I_1 - \frac{R}{\rho}\right) - \frac{LQ\sum C_i}{\delta}\left(\frac{vc}{\rho} + \frac{R}{\rho}\right)}{\frac{PQ}{\lambda\delta}\left(I_1 + I_2 - \frac{R}{\rho}\right) - \frac{LQ\sum C_i}{\delta}\left(\frac{vc}{\rho} + \frac{R}{\rho}\right)}$ 时，$\frac{\partial T_N^*}{\partial \sigma} > 0$。（证毕）

性质 5.6：$\frac{\partial T_N^*}{\partial \omega} < 0$，$\frac{\partial T_N^*}{\partial I_2} > 0$ 说明在其他参数不变情况下，SBOT 项目特许期的 Nash 均衡解 $E(r_m)$ 随着公共部门谈判能力的增大而减小，随着私营部门投资比例的增大而增大。

证明 根据式（5.24），方程两边分别同时对 ω，I_2 求导，可得

$$\frac{\partial T_N^*}{\partial \omega} = -\frac{1}{\delta}\frac{1}{V}\left(\frac{PQ}{\lambda\delta}\frac{\beta_1 - 1}{\beta_1} + \frac{LQ\sum C_i}{\delta}\frac{\beta_1 - 1}{\beta_1} - \frac{vc}{\rho} - I_1 - I_2\right)$$

公共部门/私营部门投资轨道交通 SBOT 项目的条件是其项目收益部分应该至少能补偿其投入部分，即

$$\frac{PQ}{\lambda\delta}\frac{\beta_1-1}{\beta_1}+\frac{LQ\sum C_i}{\delta}\frac{\beta_1-1}{\beta_1}-\frac{vc}{\rho}-I_1-I_2>0$$

因此，可得

$$\frac{\partial T_N^*}{\partial \omega}=-\frac{1}{\delta}\frac{1}{V}\left(\frac{PQ}{\lambda\delta}\frac{\beta_1-1}{\beta_1}+\frac{LQ\sum C_i}{\delta}\frac{\beta_1-1}{\beta_1}-\frac{vc}{\rho}-I_1-I_2\right)<0$$

$$\frac{\partial T_N^*}{\partial I_2}=\omega\frac{1}{\delta}UV>0$$

式中：U，V 定义同上。

性质 5.6 表明了公共部门谈判能力及其投资比例对特许期 Nash 均衡解的影响，即特许期 Nash 均衡解随着公共部门谈判能力的增大而减小，随着私营部门投资比例的增大而增大。

性质 5.7：$\frac{\partial T_N^*}{\partial R}>0$，$\frac{\partial T_N^*}{\partial g}>0$，说明在其他参数不变的情况下，SBOT 项目特许期的 Nash 均衡解 T^* 随着租金的增大而增大，随着社会效益系数的增大而增大。

证明 根据式 (5.22)，方程两边分别同时对 R 求导，可得

$$\frac{\partial T_N^*}{\partial R}=-\frac{1}{\delta\rho UV}(V-U)$$

要使得式 (5.22) 有意义，须满足 $U>V$，因此 $\frac{\partial T_N^*}{\partial R}>0$。显而易见，$\frac{\partial T_N^*}{\partial g}>0$。

性质 5.6 和 5.7 与现实情况是吻合的，即 SBOT 项目是建立在"风险共担、收益共享"的基础上，项目投资方的利益分配要与其所承担的风险相匹配，随着私营部门风险分担比例及投资比例的增大，其所要求的特许期也随之增大。

5.4.3 算例研究

以城市轨道交通 SBOT 项目为例，验证特许期的 Nash 协商决策模型的可行性以及均衡解的性质。这里我们继续使用 5.3.3 的算例。具体的项目信息省略。为方便问题分析，我们取公共部门的谈判能力 ω 为 0.4。

根据项目基本参数，得

$$\delta=\rho-\alpha=0.05$$

$$\beta_1 = \frac{1}{2} - \frac{\rho - \delta}{\sigma^2} + \sqrt{\left(\frac{\rho - \delta}{\sigma^2} - \frac{1}{2}\right)^2 + \frac{2\rho}{\sigma^2}} = 1.84$$

当 $Q = Q_0 = 98.63$ 时，根据式（5.8）、（5.12）和（5.22），得

$$T_M = \frac{1}{\delta} \ln \left(\frac{\frac{PQ}{\lambda\delta} \frac{\beta_1 - 1}{\beta_1} - \frac{vc}{\rho} - \frac{R}{\rho}}{I_1 - \frac{R}{\rho} - \frac{LQ \sum C_i}{\delta} \frac{\beta_1 - 1}{\beta_1}} \right) = 24$$

$$T_m = \frac{1}{\delta} \ln \left(\frac{\frac{PQ}{\lambda\delta} \frac{\beta_1 - 1}{\beta_1} - \frac{vc}{\rho} - \frac{R}{\rho}}{\frac{PQ}{\lambda\delta} \frac{\beta_1 - 1}{\beta_1} - \frac{vc}{\rho} - \frac{R}{\rho} - I_2} \right) = 17$$

$$T_N^* = \frac{1}{\delta} \ln \left[\frac{\frac{PQ}{\lambda\delta} \frac{\beta_1 - 1}{\beta_1} - \frac{vc}{\rho} - \frac{R}{\rho}}{\omega\left(\frac{PQ}{\lambda\delta} \frac{\beta_1 - 1}{\beta_1} - \frac{vc}{\rho} - \frac{R}{\rho} - I_2\right) + (1-\omega)\left(I_1 - \frac{R}{\rho} - \frac{LQ \sum C_i}{\delta} \frac{\beta_1 - 1}{\beta_1}\right)} \right] = 21$$

经上述计算可知，当 $Q = Q_0 = 98.63$ 时，SBOT 项目特许期可行域为 (17, 24)，特许期的合作均衡解 T_N^* 为 21 年。

当 $T = 21$ 时，根据式（5.5）、（5.11）和（5.13），可得

$$Q_P = \frac{\delta \frac{\beta_1}{\beta_1 - 1}\left[I_1 + \frac{vce^{-\delta T}}{\rho} - \frac{R(1 - e^{-\delta T})}{\rho}\right]}{\frac{Pe^{-\delta T}}{\lambda} + L \sum C_i} = 95.62$$

$$Q_\pi = \frac{\lambda\delta}{P(1 - e^{-\delta T})} \frac{\beta_1}{\beta_1 - 1} \left[I_2 + \frac{vc}{\rho}(1 - e^{-\delta T}) + \frac{R}{\rho}(1 - e^{-\delta T})\right] = 90.96$$

$$Q_e = \delta \frac{\beta_1}{\beta_1 - 1} \left(\frac{I_1 + I_2 + \frac{vc}{\rho}}{\frac{P}{\lambda} + L \sum C_i} \right) = 93.70$$

即 $Q^* = \max\{Q_P, Q_\pi, Q_e\} = 95.62$

综合以上计算可知，公共部门与私营部门在预期客流量为 98.63 时进行 SBOT 项目投资是可行的，此时特许期的可行域为 (17, 24)，当公共部门谈判能力 ω 为 0.4 时，特许期的 Nash 均衡解为 T_N^* 为 21；并且，当特许期为 21 时，SBOT 项目的投资临界值 Q^* 为 95.62。

为了进一步分析均衡解的性质，下面将在其他参数固定的情况下，分析不确定性、谈判能力、私营部门投资比例、租金以及社会效益对特许期 Nash

均衡解的影响，其中 $\sigma \in (0, 0.2)$，$\omega \in (0, 1)$，R，g 以及 I_i 的变动幅度均为 $\pm 10\%$。

图 5.6 表示，公共部门愿意接受的最大特许期 T_M 随着波动率 σ 的增大而减小；而私营部门愿意接受的最小特许期 T_m 随着波动率的增大而增大；特许期的 Nash 均衡解 T_N^* 随着波动率的增大而减小。

根据项目基本参数可得：

$$\frac{\frac{PQ}{\lambda\delta}\left(I_1 - \frac{R}{\rho}\right) - \frac{LQ\sum C_i}{\delta}\left(\frac{vc}{\rho} + \frac{R}{\rho}\right)}{\frac{PQ}{\lambda\delta}\left(I_1 + I_2 - \frac{R}{\rho}\right) - \frac{LQ\sum C_i}{\delta}\left(\frac{vc}{\rho} + \frac{R}{\rho}\right)} = 0.6$$

由于在本算例中，$\omega = 0.4$，则

$$\omega < \frac{\frac{PQ}{\lambda\delta}\left(I_1 - \frac{R}{\rho}\right) - \frac{LQ\sum C_i}{\delta}\left(\frac{vc}{\rho} + \frac{R}{\rho}\right)}{\frac{PQ}{\lambda\delta}\left(I_1 + I_2 - \frac{R}{\rho}\right) - \frac{LQ\sum C_i}{\delta}\left(\frac{vc}{\rho} + \frac{R}{\rho}\right)}$$

因此，特许期的 Nash 均衡解 T_N^* 随着波动率的增大而减小，性质 5.5 得证。

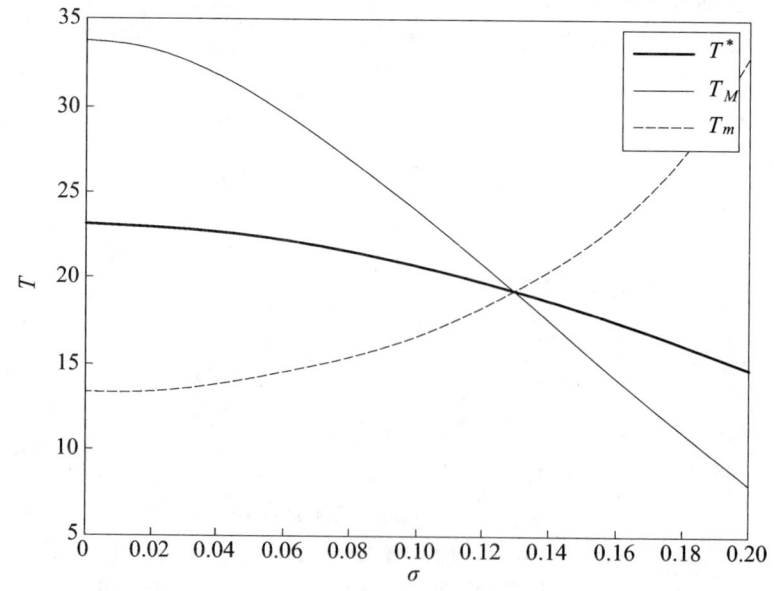

图 5.6　不确定性对 SBOT 项目特许 Nash 均衡解的影响

图 5.7 表示，在私营部门投资额 I_2 一定的情况下，特许期的 Nash 均衡解 T_N^* 随着公共部门谈判能力的增大而减小。在公共部门谈判能力 ω 一定的

情况下，特许期的 Nash 均衡解 T_N^* 随着私营部门投资额 I_2 的增大，即私营部门的投资比例增大而增大，性质 5.6 得证。

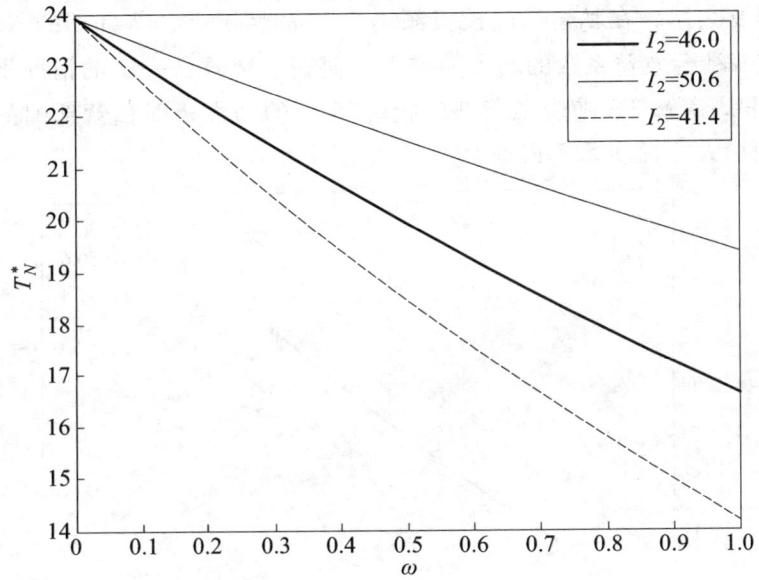

图 5.7　公共部门谈判能力对 SBOT 项目特许期 Nash 均衡解的影响

图 5.8 表示，在公共部门投资额 I_1 一定的情况下，特许期的 Nash 均衡解 T_N^* 随着租金的增大而增大。而在租金一定的情况下，特许期的 Nash 均衡

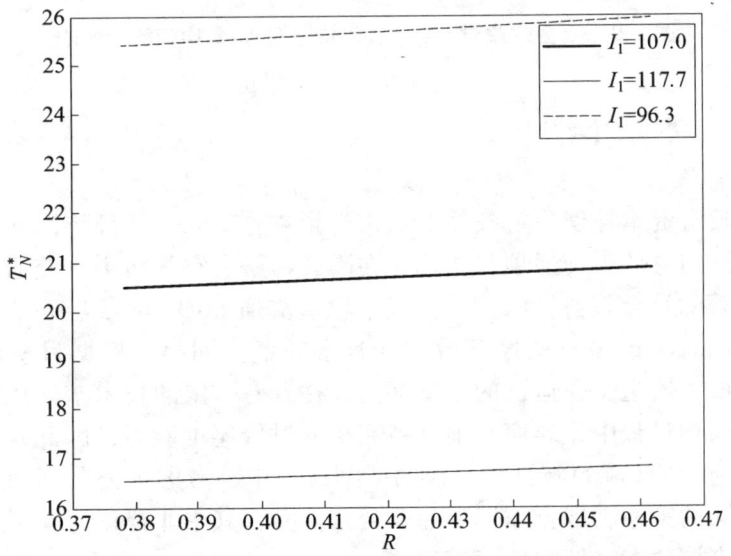

图 5.8　租金对 SBOT 项目特许期 Nash 均衡解的影响

解 T_N^* 随着公共部门投资额 I_1 的增大,即公共部门的投资比例的增大而减小,性质 5.7 得证。

图 5.9 表示,在私营部门投资额 I_2 一定的情况下,特许期的 Nash 均衡解 T_N^* 随着社会效益系数的增大而增大。而在社会效益一定的情况下,特许期的 Nash 均衡解 T_N^* 随着私营部门投资额 I_2 的增大,即私营部门的投资比例增大而增大,性质 5.7 得证。

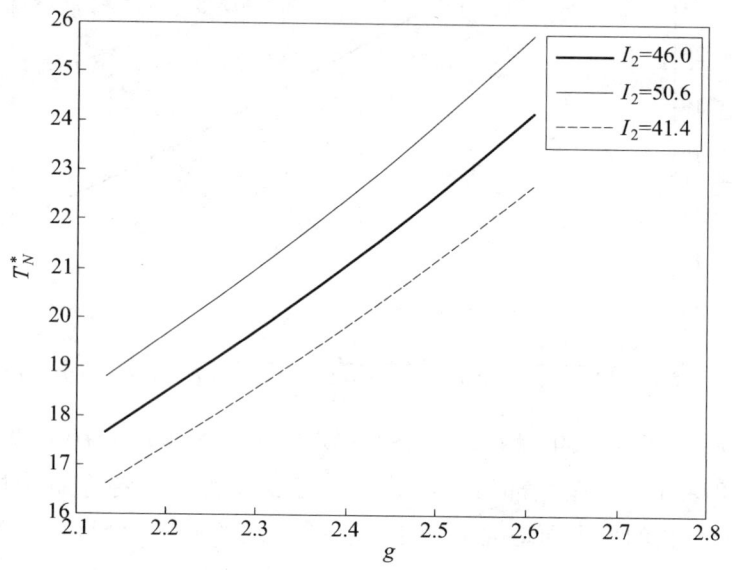

图 5.9 社会效益对 SBOT 项目特许期 Nash 均衡解的影响

5.5 本章小结

针对政府资本补偿一定条件下城市轨道交通 SBOT 项目特许期的决策问题,考虑到与非轨道交通项目相比,在噪音污染、空气污染、交通安全等方面具有显著的社会效益,因此,在城市轨道交通 SBOT 项目特许期的决策过程中应该同时考虑项目的经济效益和社会效益。同时,根据目前的项目实践,参与城市轨道交通运营的私营部门往往具有一定的技术垄断优势,在特许权协议谈判过程中,政府并不具备完全的讨价还价能力,因此,本章在城市轨道交通 SBOT 项目特许权协议的谈判过程中,考虑了公共部门和私营部门两种不同的策略,即合作博弈和非合作博弈,其中非合作博弈则采用 Nash 协商模型来构建特许期的博弈模型。

从第 3 章的分析可知,城市轨道交通 SBOT 项目一般具有投资不可逆和收益不确定等特征，因此，本章以城市轨道交通 SBOT 项目为研究对象，在综合考虑项目经济效益和社会效益的基础上，根据不确定条件下不可逆的投资理论和博弈论理论，构建了不确定收益下轨道交通 SBOT 项目特许期的决策模型，其决策程序分为两步：首先，依据项目预期现金流量，根据不确定条件下不可逆的投资理论，构建了公共部门/私营部门投资城市轨道交通 BOT 项目的最优投资时机决策模型，得到特许期的可行域；其次，根据双方不同的策略行为，利用博弈论理论，分别构建了特许期的合作博弈模型和特许期的 Nash 协商模型，求解出模型的两个均衡解，并对均衡解的性质进行了讨论。

　　研究表明，在私营部门投资额一定的情况下，随着波动率的增大，城市轨道交通 SBOT 项目投资临界值随之增大；在波动率一定的情况下，随着私营部门投资额的增大，SBOT 项目的投资临界值也随之增大；公共部门能接受的最大特许期随着波动率的增大而减小；私营部门能接受的最小特许期随着波动率的增大而增大；特许期的合作均衡解与波动率的变化无关，而特许期的 Nash 均衡解随着波动率变化的趋势则取决于公共部门的谈判能力；特许期的合作解和 Nash 解均随着租金的增大而增大，随着公共部门投资额的增大而减小，随着社会效益的增大而增大；特许期的 Nash 均衡解随着公共部门谈判能力的增大而减小。本章探索性地对政府资本补偿下城市轨道交通 SBOT 项目特许期的决策模型进行了研究，旨在为公共部门和私营部门决策 SBOT 项目特许期提供理论依据和实践指导。

6 结论与展望

6.1 研究结论

特许期是 BOT 项目特许权协议的一个关键决策变量。合理的特许期决策对 BOT 项目的成功运作至关重要。鉴于交通 BOT 项目一般具有投资不可逆、收益不确定、投资时机有一定的回旋余地等不确定特征,而现有的基于 DCF 的特许期决策方法没有考虑到项目执行过程中的灵活性问题,应用传统的 DCF 方法进行项目价值评估和投资决策,往往会造成项目价值被低估,进而导致决策失误。实物期权的发展为衡量项目的不确定性价值提供了理论工具,较好地解决了投资项目中的不确定性和灵活性问题。为突破现有的基于 DCF 的 BOT 项目特许期的决策方法的局限性,根据实物期权和博弈论理论,本书提出了一种新的特许期的决策方法,以解决不确定收益下交通 BOT 项目特许期的决策问题。本研究的主要结论如下:

(1) 针对不确定收益下财务评价可行交通 BOT 项目特许期的决策问题,以高速公路 BOT 项目为研究对象,利用实物期权和博弈理论,构建了不确定收益下交通 BOT 项目特许期的决策模型,其决策程序分为两步:首先,依据项目预期现金流量,根据不确定条件下不可逆的投资理论构建了公共部门/私营部门投资交通 BOT 项目的最优投资时机决策模型,得到特许期的可行域(命题 3.1,3.2 和 3.3);其次,根据双方不同的战略行为,利用博弈论理论,分别构建了特许期的 Stackelberg 博弈模型和特许期的 Nash 协商模型,并对特许期均衡解的性质进行了讨论,最后通过实例对不确定收益下交通 BOT 项目特许期的 Nash 协商决策模型进行了验证和分析。该研究不仅拓宽了不确定条件下不可逆的投资理论在 BOT 项目的应用范围,而且完善了不确定收益下交通 BOT 项目特许期的决策方法,同时为公共部门和私营部门决策 BOT 项目特许期提供了一种新思路。

(2) 城市轨道交通作为解决交通拥挤与排放问题的有效途径,成为我国交通基础设施建设和投资的重点领域。由于城市轨道交通项目造价高、运营成本高,票款收入难以保障项目正常运作或不足以使得社会投资者获得合理回报,因此政府采用 BOT 模式运作轨道交通项目时需要对其进行补偿。目前，在项目实践中，通常采用资本补偿即 SBOT 模式来运作城市轨道交通项目。当公共部门拟采用 SBOT 模式运作城市轨道交通时，政府资本补偿数量的确定至关重要，资本政府补偿数量过小则不足以吸引私营部门参与 BOT 项目建设，而政府补偿数量过大则会阻碍私营部门管理效率的提高，因此，合理地确定城市轨道交通 BOT 项目资本补偿数量是确保财务评价不可行 BOT 项目成功运作的关键。本书以城市轨道交通 SBOT 项目为研究对象，提出了公共部门/私营部门投资轨道交通 BOT 项目的基准条件，构建了城市轨道交通 BOT 项目政府资本补偿数量决策模型，并求解出政府资本补偿比例的可行域（命题 4.1、4.2 和 4.3）。研究表明当轨道交通 BOT 项目对公共部门来说社会评价可行，而对私营部门来说特许期内的净现值并不能满足其投资要求时，政府应该对城市轨道交通 BOT 项目进行补偿，而且当政府需要采用资本补偿 SBOT 模式运作城市轨道交通项目时，根据命题 4.1、4.2 和 4.3 可以得到政府资本补偿数量的可行域。该研究为城市轨道交通 BOT 项目资本补偿数量的确定和决策提供了系统的理论方法，具有一定的理论价值和实际应用价值。

（3）SBOT 是一种新的 BOT 模式，针对政府资本补偿数量一定条件下 SBOT 项目特许期的决策问题，以城市轨道交通 SBOT 项目为研究对象，在综合考虑轨道交通项目财务经济效益和社会效益的基础上，研究了政府资本补偿数量一定条件下 SBOT 项目特许期的决策问题。其决策程序分为两步：首先，根据不确定条件下不可逆的投资理论，构建了公共部门/私营部门投资交通 SBOT 项目的最优投资时机决策模型，得到特许期的可行域（命题 5.1、5.2 和 5.3）；其次，为了进一步得到特许期的均衡解，考虑到公共部门和私营部门在 SBOT 项目特许期的谈判过程中的不同策略行为，利用博弈论理论，分别构建了特许期的合作博弈模型和特许期的 Nash 协商模型，并对特许期均衡解的性质进行了讨论，最后通过算例对不确定收益下交通 SBOT 项目特许期的决策模型及其性质进行了验证。该研究探索性地对政府资本补偿下 SBOT 项目特许期的决策模型进行研究，力图为公共部门和私营部门决策 SBOT 项目特许期提供理论依据。

6.2 研究局限与展望

本书针对不确定收益下 BOT/SBOT 项目特许期的决策问题，根据实物期权和博弈论理论，提出了一种新的特许期的决策方法，研究结论为公共部门和私营部门决策交通 BOT 项目特许期提供了一种新思路。从目前取得的研究成果来看，还存在如下问题有待进一步研究。

（1）公共部门、私营部门和用户是 BOT 项目的三个核心利益主体，特许期和特许价格是 BOT 项目特许权协议的关键决策变量，本书在特许期均衡解的求解过程中，假定特许价格为外生变量，将特许期的决策过程看做是公共部门和私营部门的完全信息动态博弈问题进行求解，然而，用户也是 BOT 项目的核心利益主体之一，一般情况下特许价格低的 BOT 项目特许期就会长而特许价格高的 BOT 项目特许期则短，因此，可以进一步采用三方博弈理论来研究不完全信息下 BOT 项目特许期的决策问题。

（2）考虑到交通 BOT 项目的收益不确定性问题，私营部门通常会要求政府提供支持来分担项目的风险。在项目实践中，除了政府补贴，常用的分担机制还有：最小收益保证（Minimum Revenue Guarantee，MRG）和最大收益保证（Toll Revenue Cap，TRC），后续研究将在最小/最大收益保证下基于实物期权理论的 BOT 项目特许期的决策方法予以展开。

参考文献

[1] ABEL B. Options, the value of capital, and investment [J]. Quarterly Journal of Economics, 1996, 111 (3): 753-777.

[2] ALONSO-CONDE A B, BROWN C, ROJO-SUAREZ J. Public private partnerships: Incentives, risk transfer and real options [J]. Review of Financial Economics, 2007, 16 (4): 335-349.

[3] ARROW K, FISHER A. Environment preservation, uncertainty, and irreversibility [J]. The Quarterly Journal of Economics, 1974, 88 (2): 312-319.

[4] ASHURI B, KASHANI H, MOLENAAR K R, et al. Risk-neutral pricing approach for evaluating BOT highway projects with government minimum revenue guarantee options [J]. Journal of Construction Engineering and Management, 2012, 138 (4): 545-557.

[5] ASKAR M M, GAB-ALLAH A A. Problems facing parties involved in build operate and transport projects in Egypt [J]. Journal of Management in Engineering, 2002, 18 (4): 173-178.

[6] BOWE M, LEE D. Project evaluation in the presence of multiple embedded real options: Evidence from the Taiwan High-Speed Rail Project [J]. Journal of Asian Economics, 2004, 15 (1): 71-98.

[7] BRANDAO L E T, SARAIVA E. The option value of government guarantees in infrastructure projects [J]. Construction Management and Economics, 2008, 26 (11): 1171-1180.

[8] BRENNAN M J, SCHWARTZ E S. Evaluating natural resource investments [J]. Journal of Business, 1985, 58 (2): 135-157.

[9] CAMPBELL J, LO A, MACKINLAY A. The econometrics of financial markets [M]. Princeton: Princeton University Press, 1997.

[10] CHANG Z. Public-private partnerships in China: A case of Beijing No. 4

Metro line [J]. Transport Policy, 2013 (30): 153 – 160.

［11］ CHEAH C Y J, LIU J. Valuing governmental support in infrastructure projects as real options using Monte Carlo simulation [J]. Construction Management and Economics, 2006, 24 (5): 545 – 554.

［12］ CHEN B, LIOU F M, HUANG C P. Optimal financing mix of financially non – viable private – participation investment project with initial subsidy [J]. Inzinerine Ekonomika – Engineering Economics, 2012, 23 (5): 452 – 461.

［13］ CHIARA N, GARVIN M J, VECER J. Valuing simple multiple – exercise real options in infrastructure projects [J]. Journal of Infrastructure Systems, 2007, 13 (2): 97 – 104.

［14］ CLARK E, EASAW J Z. Optimal access pricing for natural monopoly networks when costs are sunk and revenues are uncertain [J]. European Journal of Operation Research, 2007, 178 (2): 595 – 602.

［15］ CRUZ C O, MARQUES R C. Flexible contracts to cope with uncertainty in public – private partnerships [J]. International Journal of Project Management, 2013, 31 (3): 473 – 483.

［16］ CUI Q, BAYRAKTAR M E, HASTAK M, et al. Use of warranties on highway projects: A real option perspective [J]. Journal of Management in Engineering, 2004, 20 (3): 118 – 125.

［17］ DANGL T. Investment and capacity choice under uncertain demand [J]. European Journal of Operational Research, 1999, 117 (3): 415 – 428.

［18］ DE JONG M, MU R, STEAD D, et al. Introducing public – private partnerships for metropolitan subways in China: What is the evidence? [J]. Journal of Transport Geography, 2010, 18 (2): 301 – 313.

［19］ DEAN J. Capital budgeting: Top – management policy on plant [M]. Columbia: Columbia University Press, 1951.

［20］ DECAMPS J P, MARIOTTI T. Investment timing and learning externalities [J]. Journal of Economic Theory, 2004, 118 (1): 80 – 102.

［21］ DIXIT A, PINDYCK R S. Investment under uncertainty [M]. Princeton: Princeton University Press, 1994.

［22］ DOAN P, MENYAH K. Impact of irreversibility and uncertainty on the timing of infrastructure projects [J]. Journal of Construction Engineering and

Management, 2013, 139 (3): 331-338.

[23] ENGEL E, FISHER R, GALETOVIC A. Revenue-based auctions and the unbundling infrastructure franchises [M]. Inter-American Development Bank, Social Programs and Sustainable Development Department, Infrastructure and Financial Markets Division, 1997a.

[24] ENGEL E, FISHER R, GALETOVIC A. Highway franchising: Pitfalls and opportunities [J]. American Economic Review, 1997b, 87 (2): 68-72.

[25] ENGEL E, FISHER R, GALETOVIC A. Least present value of revenue actions and highway franchising [J]. Journal of Political Economy, 2001, 109 (5): 993-1020.

[26] FORD D N, LANDER D M, VOYER J J. A real options approach to valuing strategic flexibility in uncertain construction projects [J]. Construction Management & Economics, 2002, 20 (4): 343-351.

[27] GARVIN M J, CHEAH C Y J. Valuation techniques for infrastructure investment decisions [J]. Construction Management and Economics, 2004, 22 (4): 373-383.

[28] GESKE R. The valuation of compound options [J]. Journal of Financial Economics, 1979, 7 (1): 63-81.

[29] GRENADIER S R. The strategic exercise of options: development cascades and overbuilding in real estate market [J]. The Journal of Finance, 1996, 51 (5): 1653-1679.

[30] GRENADIER S R. Option exercise games: An application to the equilibrium investment strategies of firms [J]. The Review of Financial Studies, 2002, 15 (3): 691-721.

[31] HANAOKA S, PALAPUS H P. Reasonable concession period for build-operate-transfer road projects in the Philippines [J]. International Journal of Project Management, 2012, 30 (8): 938-949.

[32] HARSANYI J C, SELTEN R. A generalized nash bargaining solution for two-person bargaining games with incomplete information [J] Management Science, 1972, 18 (5): 80-105.

[33] HAYES R, ABERNATHY W. Managing our way to decline [J]. Harvard Business Review, 1980, 58 (4): 66-77.

[34] HAYES R, GARVIN D. Managing as if tomorrow mattered [J]. Harvard Business Review, 1982, 60 (3): 70-79.

[35] HERATH H, PARK C. Multi-stage capital investment opportunities as compound real options [J]. The Engineering Economist, 2002, 47 (1): 1-27.

[36] HERTZ D B. Risk analysis in capital investment [J]. Harvard Business Review, 1964, 42 (1): 96-106.

[37] HO S P, LIU L Y. An option pricing-based model for evaluating the financial viability of privatized infrastructure projects [J]. Construction Management and Economics, 2002, 20 (2): 143-156.

[38] HUANG Y L, CHOU S P. Valuation of the minimum revenue guarantee and the option to abandon in BOT infrastructure projects [J]. Construction Management and Economics, 2006, 24 (4): 379-389.

[39] HUISMAN K J M, KORT P M. Effect of strategic interactions on the option value of waiting [R]. Tilburg University, 1999.

[40] IYER K C, SAGHEER M. A real options based traffic risk mitigation model for build-operate-transfer highway projects in India [J]. Construction Management and Economics, 2011, 29 (8): 771-779.

[41] KHANZADI M, NASIRZADEH F, ALIPOUR M. Integrating system dynamics and fuzzy logic modeling to determine concession period in BOT projects [J]. Automation in Construction, 2012 (22): 368-375.

[42] KIM B, LIM H, KIM H, et al. Determining the value of governmental subsidies for the installation of clean energy using real options [J]. Journal of Construction Engineering and Management, 2012, 138 (3): 422-430.

[43] KIM D Y, ASHURI B, HAM S H. Financial valuation of investments in international construction markets: Real options approach for market-entry decisions [J]. Journal of Management in Engineering, 2013, 29 (4): 355-368.

[44] KOKKAEW N, CHIARA N. Modelling completion risk using stochastic critical path-envelope method: A BOT highway project application [J]. Construction Management and Economics, 2010, 28 (12): 1239-1254.

[45] KULATILAKA N, PEROTTI E C. Strategic growth options [J]. Manage-

ment Science, 1998, 44 (8): 1021-1031.

[46] KUMARASWAMY M M, MORRIS D A. Build-operate-transfer-type procurement in Asian Megaprojects [J]. Journal of Construction Engineering and Management, 2002, 128 (2): 93-102.

[47] KUMARASWAMY M M, ZHANG X Q. Government role in BOT-led infrastructure development [J]. International Journal of Projectment Management, 2001, 19 (4): 195-205.

[48] KWAK Y H, CHIH Y, IBBS C W. Towards a comprehensive understanding of public private partnerships for infrastructure development [J]. California Management Review, 2009, 51 (2): 51-78.

[49] LAMBRECHT B, PERRAUDIN W. Real options and preemption under incomplete information [J]. Journal of Economic Dynamics and Control, 2003, 27 (4): 619-643.

[50] LI W X, YIN S. Analysis on cost of urban rail transit [J]. Journal of Transportation Systems Engineering and Information Technology, 2012, 12 (2): 9-14.

[51] LIN M C. Contract design of private infrastructure concessions [D]. Berkeley: Univ. of California, 2000.

[52] LINT O, PENNINGS E. R&D as an option on market introduction [J]. R&D Management, 1998, 28 (4): 279-287.

[53] LIOU F M, HUANG C P, CHEN B. Model government subsidies and project risk for financially non-viable build-operate-transfer (BOT) projects [J]. Engineering Management Journal, 2012, 24 (1): 58-64.

[54] LIOU F M, HUANG C P. Automated approach to negotiations of BOT contracts with the consideration of project risk [J]. Journal of Construction Engineering and Management, 2008, 134 (1): 18-24.

[55] LIU J, CHEAH C Y J. Real option application in PPP/PFI project negotiation [J]. Construction Management and Economics, 2009, 27 (4): 331-342.

[56] LIU J, YU X, CHEAH C Y J. Evaluation of restrictive competition in PPP projects using real option approach [J]. International Journal of Project Management, 2014, 32 (3): 473-481.

[57] MALINI E. Build operate transfer municipal bridge projects in India [J].

Journal of Management in Engineering, 1999, 15 (4): 51-58.

[58] MARTZOUKOS S H. Real R&D options and optimal activation of two dimensional random controls [J]. Journal of Operational Research Society, 2009, 60 (6): 843-858.

[59] MCDONALD R, SIEGEL D. Investment of the firms when there is an option to shut down [J]. International Economic Review, 1985, 26 (2): 331-349.

[60] MCDONALD R, SIEGEL D. The value of waiting to invest [J]. The Quarterly Journal of Economics, 1986, 101 (4): 707-727.

[61] MITCHELL G. Alternative frameworks for technology strategy [J]. European Journal of Operation Research, 1990, 47 (2): 153-161.

[62] MORCK R, SCHWARTZ E, STANGELAND D. The valuation of forest resources under stochastic prices and inventories [J]. Journal of Financial and Quantitative Analysis, 1989, 24 (4): 473-487.

[63] MOURAVIEV N, KAKABADSE N, ROBINSON I. Concessionary nature of public-private partnerships in Russia and Kazakhstan: A critical review [J]. International Journal of Public Administration, 2012, 35 (6): 410-420.

[64] MU R, JONG M, KOPPENJAN J. The rise and fall of public-private-partnerships in China: A path-dependent approach [J]. Journal of Transport Geography, 2011, 19 (4): 794-805.

[65] MYERS S C, MAJD S. Abandonment and project life [J]. Advances in Futures and Options Research, 1990 (4): 1-21.

[66] MYERS S C. Determinants of corporate borrowing [J]. Journal of Financial Economics, 1977, 5 (2): 147-175.

[67] NASH J. Non-cooperative games [J]. Annals of Mathematics, 1951, 54 (2): 286-295.

[68] NEWTON D, PEARSON A. Application of option pricing theory to R&D [J]. R&D Management, 1994, 24 (1): 83-89.

[69] NG T S, XIE J, SKITMORE M, et al. A simulation model for optimizing the concession period of public-private partnership schemes [J]. International Journal of Project Management, 2007a, 25 (8): 791-798.

[70] NG T S, XIE J, SKITMORE M, et al. A fuzzy simulation model for evalu-

ating the concession items of public-private partnership schemes [J]. Automation in Construction, 2007b, 17 (1): 22-29.

[71] NOMBELA G, DE RUS G. Flexible-term contracts for road franchising [J]. Transportation Research Part A, 2004, 38 (3): 163-179.

[72] PARK T, KIM B, KIM H. Real option approach to sharing privatization risk in underground infrastructures [J]. Journal of Construction Engineering and Management, 2013, 139 (6): 685-693.

[73] PATIL G R, UKKUSURI S V. System-optimal stochastic transportation network design [J]. Transportation Research Record: Journal of the Transportation Research Board, 2007, 2029 (1): 80-85.

[74] PAWLINA G, KORT P M. Real options in an asymmetric duopoly: Who benefits from your competitive disadvantage? [R] Tilburg University, 2002.

[75] PENNINGS E, LINT O. The option value of advanced R&D [J] European Journal of Operation Research, 1997, 103 (1): 83-94.

[76] PENNINGS E, LINT O. Market entry, phased rollout or abandonment? A real options approach [J]. European Journal of Operational Research, 2000, 124 (1): 125-138.

[77] PERLITZ M, PESKE T, SCHRANK R. Real options valuation: The new frontier in R&D project evaluation? [J]. 1999, 29 (3): 255-270.

[78] PESKIR G, SHIRYAEV A. Optimal stopping and free boundary problems [M]. Birkhäuser, Basel, Switzerland, 2006.

[79] PHANG S Y. Urban rail transit PPPs: Survey and risk assessment of recent strategies [J]. Transport Policy, 2007, 14 (3): 214-231.

[80] PICHAYAPAN P, HINO S, KISHI K, et al. Real option analysis (ROA) in evaluation of expressway projects under uncertainties [J]. Journal of the Eastern Asia Society for Transportation Studies, 2003 (5): 3015-3030.

[81] PINDYCK R S. Optimal timing problems in environmental economics [J]. Journal of Economic Dynamics & Control, 2002, 26 (9): 1677-1697.

[82] PINDYCK R S. Uncertainty in the theory of renewable resource markets [J]. Review of Economic Studies, 1984, 51 (2): 289-303.

[83] RAFTERY J. Risk analysis in project management [M]. London: E&F. N. Spon, 2003.

[84] SCANDIZZO P L, VENTURA M. Sharing risk through concession contracts [J]. European Journal of Operational Research, 2010, 207 (1): 363 -370.

[85] SCHWARTZ E. Patents and R&D as real options [J]. Economic Notes, 2004, 33 (1): 23 -54.

[86] SHEN L Y, BAO H J, WU Y Z. Using bargaining game theory for negotiating concession period for BOT - type contract [J]. Journal of Construction Engineering and Management, 2007, 133 (5): 385 -392.

[87] SHEN L Y, LEE K H, ZHANG Z. Application of BOT system for infrastructure projects in China [J]. Journal of Construction Engineering and Management, 1996, 122 (4): 319 -323.

[88] SHEN L Y, LI H, LI Q M. Alternative concession model for build operate transfer contract projects [J]. Journal of Construction Engineering and Management, 2002, 128 (4): 326 -330.

[89] SHEN L Y, WU Y Z. Risk concession model for build operate transfer contract projects [J]. Journal of Construction Engineering and Management, 2005, 131 (2): 211 -220.

[90] SINHA K C, LABI S. Transportation decision making: Principles of project evaluation and programming [M]. John Wiley & Sons, Inc., Hoboken, NJ, USA, 2011.

[91] SMETS F R. Exporting versus FDI: The effect of uncertainty, irreversibilities and strategic interactions [R]. Yale University, 1991.

[92] SMIT H T J, ANKUM L A. A real options and game - theoretic approach to corporate investment strategy under competition [J]. Financial Management, 1993 (22): 241 -250.

[93] TAREK M, ZAYED S, CHANG L M. Prototype model for build - operate - transfer risk assessment [J]. Journal of Management in Engineering, 2002, 18 (1): 7 -16.

[94] TRIGEORGIS L, MASON S. Valuing managerial flexibility [J]. Midland Corporate Finance Journal, 1987, 5 (1): 14 -21.

[95] TRIGEORGIS L. A real options application in natural resource investment [J]. Advances in Futures and Options Research, 1990 (4): 153 -164.

[96] TRIGEORGIS L. Real options and interactions with financial flexibility

[J]. Financial Management, 1993a, 22 (3): 202-224.

[97] Trigeorgis L. The nature of option interactions and the valuation of investments with multiple real options [J]. Journal of Financial and Quantitative Analysis, 1993b, 28 (1): 1-20.

[98] Trigeorgis L. Real options: Managerial flexibility and strategy in resource allocation [M] The MIT Press, 1996.

[99] WALKER C, SMITH A J. Privatized infrastructure: The BOT approach [M]. London: Thomas Telford, 1995.

[100] WANG S Q, TIONG L K. Case study of government initiatives for PRC's BOT power plant project [J]. International Journal of Project Management, 2000, 18 (1): 69-78.

[101] Weeds H. Strategic delay in real options model of R&D competition [J]. Review of Economic Studies, 2002, 69 (3): 729-747.

[102] WIBOWO A. CAPM-based valuation of financial government supports to infeasible and risky private infrastructure projects [J]. Journal of Construction Engineering and Management, 2006, 132 (3): 239-248.

[103] WOOLDRIDGE C, GARVIN M, CHEAH Y, et al. Valuing flexibility in private toll road development: Analysis of the Dulles Greenway [J]. The Journal of Structured Finance, 2002, 7 (4): 26-35.

[104] WU M, CHAU K W, SHEN Q P, et al. Net asset value-based concession duration model for BOT contracts [J]. Journal of Construction Engineering and Management, 2012, 138 (2): 304-308.

[105] XENIDIS Y, ANGELIDES D. The financial risk in build-operate-transfer projects [J]. Construction Management and Economics, 2005, 23 (4): 431-441.

[106] YE S D, ROBERT L K. The effect of concession period design on completion risk management of BOT projects [J]. Construction Management and Economics, 2003, 21 (5): 471-482.

[107] YEO K T, TIONG R L K. Positive management of differences for risk reduction in BOT projects [J]. International Journal of Project Management, 2000, 18 (4): 257-265.

[108] YU C Y, LAM K C. A decision support system for the determination of concession period length in transportation project under BOT contract [J].

Automation in Construction, 2013 (31): 114-127.

[109] ZHANG X Q, KUMARASWAMY M M, ZHENG W, et al. Concessionaire selection for build-operate-transfer tunnel projects in Hong Kong [J]. Journal of Construction Engineering and Management, 2002, 128 (2): 155-163.

[110] ZHANG X Q. Financial viability analysis and capital structure optimization in privatized public infrastructure projects [J]. Journal of Construction Engineering and Management, 2005, 131 (6): 656-668.

[111] ZHANG X Q. Markov-based optimization model for building facilities management [J]. Journal of Construction Engineering and Management, 2006, 132 (11): 1203-1211.

[112] ZHANG X Q, ABOUTRISK S M. Determining a reasonable concession period for private sector provision of public works and services [J]. Canadian Journal of Civil Engineering, 2006, 33 (5): 622-631.

[113] ZHAO T, SUNDARARAJAN S K. Highway development decision making under uncertainty: A real options approach [J]. Journal of Infrastructure Systems, 2004, 10 (1): 23-32.

[114] ZHENG S, TIONG R L K. First public-private-partnership application in Taiwan's wastewater treatment sector: Case study of Nanzih BOT wastewater treatment project [J]. Journal of Construction Engineering and Management, 2010, 136 (8): 913-922.

[115] 安瑛晖,张维. 期权博弈理论的方法模型分析与发展 [J]. 管理科学学报, 2001, 4 (1): 38-44.

[116] 鲍海君. 基础设施BOT项目特许权期决策的动态博弈模型 [J]. 管理工程学报, 2009, 23 (4): 139-141.

[117] 蔡强,曾勇,夏晖. 具有后发优势的不完全信息专利竞赛 [J]. 管理工程学报, 2010, 24 (1): 51-58.

[118] 蔡强,曾勇,夏晖. 有记忆专利竞赛中的期权博弈 [J]. 管理工程学报, 2011, 25 (2): 232-238.

[119] 蔡蔚. 我国城市轨道交通投融资体制演进机理探析 [D]. 上海:同济大学, 2007.

[120] 曹国华,潘强. 基于建设时间的企业投资期权博弈均衡分析 [J]. 中国管理科学, 2006, 14 (3): 135-141.

[121] 曹国华, 潘强. 基于期权博弈理论的技术创新扩散研究[J]. 科研管理, 2007, 28 (1): 188-191.
[122] 曾卫兵. 内资 BOT 公路建设项目投资决策评价模型研究[D]. 天津: 天津大学, 2004.
[123] 陈进杰. 地铁次优定价模型研究[J]. 北京工业大学学报, 2011, 37 (11): 1644-1649.
[124] 高丽峰, 张国杰, 杜燕. 利用动态博弈中的"分蛋糕"模型确定 BOT 项目特许权期[J]. 商业研究, 2006 (2): 24-26.
[125] 高咏玲, 杨浩, 孙强. 城市轨道交通项目建设时机选择的实物期权随机变量模型[J]. 铁道学报, 2008, 30 (6): 13-18.
[126] 郭明靓. 基于期权博弈的基础设施 BOT 项目投资决策研究[D]. 西安: 西安理工大学, 2008.
[127] 何德忠, 孟卫东. 企业投资决策的期权博弈分析[J]. 重庆大学学报: 自然科学版, 2004, 27 (10): 164-166.
[128] 何德忠, 孟卫东. 一种成本和收益不同的双头垄断期权博弈模型[J]. 系统工程, 2006, 24 (2): 23-27.
[129] 何涛, 赵国杰. 基础设施 BOT 项目中政府担保估值与特许期决策模型研究[J]. 城市发展研究, 2010, 17 (10): 92-95.
[130] 李明顺, 陈涛, 滕敏. 交通基础设施 PPP 项目实物期权定价及敏感性分析[J]. 系统工程, 2011, 29 (3): 67-73.
[131] 李启明, 申立银. 基础设施 BOT 项目特许权期的决策模型[J]. 管理工程学报, 2000, 14 (1): 43-46.
[132] 梁学光. 基于合约安排的基础设施 BOT 项目特许期形式比较研究[D]. 天津: 天津大学, 2009.
[133] 廖博. 基于期权博弈的高速公路 BOT 项目投资研究[D]. 长沙: 中南大学, 2010.
[134] 刘尔烈. 工程项目招标投标实务[M]. 北京: 人民交通出版社, 2000.
[135] 刘海龙, 吴冲锋. 期权定价方法综述[J]. 管理科学学报, 2002, 5 (2): 67-73.
[136] 刘继才, 宋金龙. 基于实物期权的 PPP 项目投资评价研究[J]. 世界科技研究与发展, 2012, 34 (3): 514-518.
[137] 刘宁. BOT 项目实物期权决策模型研究[D]. 大连: 大连理工大

学,2012.

[138] 刘晓君. 工程经济学 [M]. 北京:中国建筑工业出版社,2008.

[139] 秦旋. 基于 CAPM 的 BOT 项目特许期的计算模型 [J]. 管理工程学报,2005,19(2):60-63.

[140] 宋金波,宋丹荣,谭崇梅. 垃圾焚烧发电 BOT 项目特许期决策模型 [J]. 中国管理科学,2013,21(5):86-93.

[141] 宋金波,王东波,宋丹荣. 基于蒙特卡罗模拟的污水处理 BOT 项目特许期决策模型 [J]. 管理工程学报,2010,24(4):93-99.

[142] 谭英双,衡爱民,龙勇,等. 模糊环境下不对称企业的技术创新投资期权博弈分析 [J]. 中国管理科学,2011,19(6):163-168.

[143] 谭英双,龙勇,陈哲. 模糊环境下技术创新投资的期权博弈模型 [J]. 系统工程理论与实践,2012,31(11):2095-2100.

[144] 谭英双. 基于模糊不确定环境的高新技术项目价值评估模型 [J]. 系统工程理论与实践,2010,30(6):1021-1026.

[145] 唐文彬,张飞涟,马超群. 基于模糊实物期权的城市轨道交通项目投资价值 [J]. 系统工程,2011,29(12):110-115.

[146] 王东波,宋金波,戴大双,等. 不确定收益下公路 BOT 项目特许期决策方法研究 [J]. 预测,2010,29(2):58-63.

[147] 王东波,宋金波,戴大双,等. 弹性需求下交通 BOT 项目特许期决策 [J]. 管理工程学报,2011,25(3):116-122.

[148] 王东波. 不确定条件下 BOT 项目特许期决策模型研究 [D]. 大连:大连理工大学,2010.

[149] 王小柳,张曙光. 在投资项目时间有限情况下的期权博弈 [J]. 系统工程理论与实践,2011,31(2):247-251.

[150] 吴建祖,宣慧玉. 不完全信息条件下企业 R&D 最优投资时机的期权博弈分析 [J]. 系统工程理论与实践,2006,26(4):50-54.

[151] 吴孝灵,周晶,洪巍. 基于有效运营期的 BOT 项目特许权期决策模型 [J]. 系统工程学报,2011,26(3):373-378.

[152] 杨宏伟,周晶,何建敏. 基于博弈论的交通 BOT 项目特许权期的决策模型 [J]. 管理工程学报,2003,17(3):93-95.

[153] 杨屹,郭明靓,扈文秀. 环保基础设施 BOT 项目特许权期的期权博弈分析 [J]. 中国人口·资源与环境,2007a,17(2):32-35.

[154] 杨屹,郭明靓,扈文秀. 基于期权博弈的基础设施 BOT 项目二阶段

特许权期决策模型 [J]. 中国软科学, 2007b, (6): 81-85.
[155] 叶苏东. 公共基础设施项目的混合开发模式研究 [J]. 公共管理学报, 2008, 5 (2): 66-72.
[156] 叶苏东. BOT 模式开发城市轨道交通项目的补偿机制研究 [J]. 北京交通大学学报: 社会科学版, 2012, 11 (4): 22-29.
[157] 余冬平, 邱菀华. R&D 投资决策的不对称双头垄断期权博弈模型 [J]. 系统工程, 2005, 23 (2): 31-34.
[158] 张水波, 孔德泉, 何伯森. BOT 项目风险管理的担保手段 [J]. 中国软科学, 2000 (2): 73-75.
[159] 赵立力, 卜祥智, 谭德庆. 基础设施 BOT 电厂项目中的政府购买保证研究 [J]. 管理工程学报, 2008, 22 (2): 66-70.
[160] 赵立力, 卜祥智, 谭德庆. 基础设施 BOT 项目中的两种政府保证研究 [J]. 系统工程学报, 2009, 23 (2): 34-39.
[161] 赵立力, 谭德庆. 基于社会效益的 BOT 项目特许权期决策分析 [J]. 管理工程学报, 2009, 23 (2): 13-17.
[162] 赵立力. 政府保障下基础设施 BOT 项目中的决策问题研究 [D]. 成都: 西南交通大学, 2007.
[163] 周翊民. 城市轨道交通的发展趋势及其动因分析 [J]. 城市轨道交通研究, 2001, 4 (2): 1-4.
[164] 朱秀丽, 邱菀华. 基于实物期权的铁路地下化项目 PPP 模式投资决策分析 [J]. 系统工程, 2011, 2 (3): 117-120.